Unsere Kindheit

Matthias Rickling

Tintenklecks und Hitzefrei

Wartberg Verlag

Bildnachweis:
Mundorgel Verlag GmbH Köln/Waldbröl: Cover u.r. und Rückseite, S. 51 u.;
Privatarchiv Rickling/Tornau: S. 5 – 11, 13, 15, 16, 24 o., 27, 28, 39 – 46, 49, 50, 51 o., 56, 57 o., 61, 63 – 66, 72, 73, 75, 76;
GEHA Präsentations-Systeme (Foto Rickling): S. 14
Privatarchiv Rienäcker: S. 36, 37, 47, 48, 60, 62, 67, 69, 74;
Privatarchiv Lücke: S. 57 u.;
Verlag Kiepenheuer & Witsch: S. 58 l.; Suhrkamp Verlag: S. 58 r.;
ullstein bild – Peters: S. 12 o.; ullstein bild – Rogge: S. 19; ullstein bild – Oskar Poss: S. 21; ullstein bild – Werner OTTO: S. 22; ullstein bild – Reick: S. 24 u.; ullstein bild – Schmitt: S. 29; ullstein bild – Imagebroker.net: S. 30; ullstein bild – Dietrich: S. 54; ullstein bild – Wodicka: S. 79;
picture-alliance/dpa: S. 12 u., 35, 70, 78; picture-alliance/Manfred Pruefer/akg: S. 25; picture-alliance/ Helga Lade Fotoagentur GmbH, Ger

Wir danken allen Lizenzträgern für die freundliche Abdruckgenehmigung.
In Fällen, in denen es nicht gelang, Rechtsinhaber an Abbildungen zu ermitteln, bleiben Honoraransprüche gewahrt.

1. Auflage 2010

Gestaltung und Satz: Ravenstein und Partner, Verden
Druck: Hoehl-Druck Medien + Service GmbH, Bad Hersfeld
Buchbinderische Verarbeitung: Buchbinderei Büge, Celle

34281 Gudensberg-Gleichen • Im Wiesental 1
Telefon: 0 56 03/9 30 50 • www.wartberg-verlag.de
ISBN: 978-3-8313-2032-5

Inhalt

Vorwort

Ruckzuck war die Schultüte geplündert und auch die ersten Tage der großen Einschulungsaufregung in Vergessenheit geraten. Schon gingen wir unseren Schulweg alleine, hatten uns an den neuen Rhythmus von Pausenklingel und Hausaufgaben gewöhnt und verinnerlichten den Jahrestakt von Zeugnissen und Ferien. Wir schlugen uns mit netten, weniger netten und echt blöden Lehrern herum, heckten mit dem Platznachbarn Streiche aus, erhielten ungerechte Strafarbeiten und erlebten auf dem Heimweg so manches Abenteuer. Zwischen Klassenfahrt und Elternsprechtag, Bastelstunde und Hitzefrei übten wir Lesen, Schreiben, Rechnen, schworen ewige Freundschaften und saßen ratlos vor Vokabeltests und Poesiealben. Manchmal kam es uns wie eine Ewigkeit vor und doch ging alles rasend schnell. Die Schuljahre flogen nur so dahin. Gerade noch hatten wir gelernt eins und eins zusammenzuzählen, schon büffelten wir das Einmaleins und mussten uns komische Formeln merken. Eben noch übten wir den Schwung der Schreibschrift und schon sollten wir Gedichte interpretieren und eigene Aufsätze verfassen. Gestern noch führte der obligatorische Wandertag in die nähere Umgebung, morgen sollte die Klassenfahrt schon drei Tage dauern, mit Übernachtung in einer Jugendherberge.
Und plötzlich war die Zeit vorbei. Der letzte Test geschrieben, der Stress mit dem Hausmeister vergessen, das letzte Zeugnis verteilt und der Tafeldienst gestrichen. Jetzt waren wir gewappnet für das wahre Leben und die Schulzeit wurde zu einer Erinnerung mit viel Nostalgie.

Ihr

Matthias Rickling

Am Anfang stand
der Einschulungstest.

Bevor es losging!

Es werden sich wohl nur die wenigsten von uns an jene Tests erinnern, mit denen irgendwelche schlauen Leute mit streng gescheiteltem Haar über dicker Hornbrille überprüfen wollten, ob wir mit sechs Jahren für den „Ernst des Lebens“ schon bereit waren. Wir waren es! Natürlich, aber uns fragte ja keiner. Also mussten wir im Beisein unserer Mütter Männchen malen, Formen und Bilder zuordnen usw. Alles kein Problem, denn viele von uns hatten sich bei Frollein Inge oder Tante Mechthild im Kindergarten mit den bunten Dingen des Lebens vertraut gemacht. Andere hatten sich schon fleißig in der Sesamstraße vorbereitet:

„Eins dieser Dinge gehört nicht zu den anderen …“.

Wenn wir Knirpse also begriffen hatten, dass der Schornsteinfeger Schornsteine fegt und der Brief in den Briefkasten gehört, wenn wir mit der linken Hand über den Kopf das rechte Ohr fassen und auch auf einem Bein stehen konnten, ja, dann waren wir „schulreif“. Ein Klacks für uns, und flugs war der Tag vorbei und der Test vergessen.
Einer der häufigsten Sprüche, den wahrscheinlich alle in ihrer Kindheit zu hören bekamen, war die beängstigende Ankündigung:

„Warte nur, wenn Du erst in der Schule bist, …“.

Ja, was war dann? Irgendwie schien uns jener Ort, an den die

Bald ging es los.

Erwachsenen uns bei kleinen Streichen und seichten Frechheiten hinwünschten, ja nicht besonders kindgerecht zu sein, oder? Und doch wollten wir genau dorthin, unbedingt! Weil man dann schon groß ist! Weil unsere Spielgefährten auch dahingingen! Weil wir grundsätzlich neugierig waren – und wegen der Zuckertüte! Die war eindeutig das stärkste Zugpferd in Richtung Schulbank, und zugleich unser erster Beschiss! Oder gibt es jemanden, dessen Schultüte in der ganzen Spitze nicht mit Papier ausgestopft wurde? Eben!

Doch bevor wir dessen gewahr wurden, musste eingekauft werden. Schon Wochen vor der Einschulung erhielten wir im Schreibwarenladen des familiären Vertrauens alle Notwendigkeiten für das zukünftige Schülerleben. Bunte Wasserfarbkästen, genau angewiesene Schreibhefte mit Kunststoff-Schonhülle und Namensschildchen (blau für Mathe, gelb fürs Schreiben, ...), einen schön großen Stundenplan und eine

Federmappe, in der Buntstifte, Bleistift, Ratzefummel und Anspitzer schön ordentlich mit Gummibandlaschen fixiert waren. Was das Reißverschlussmäppchen allerdings mit Federn zu tun hatte, erfuhren wir erst später. Neben der kleinen Druckknopftasche für die Pausengroschen klemmten das Lineal und der Füller.

Bevor wir diese kleinen, aber für unseren Schüleralltag so bedeutenden Nebensächlichkeiten für uns entdecken konnten, mussten allerdings noch so manche Dinge erledigt werden. Auch die Frage nach der Schultasche war noch offen. Musste tatsächlich ein neuer Schulranzen her oder tat es nicht doch der abgelegte Tornister von Cousine Claudia oder Cousin Heinz-Hermann? Welch ein Glück, wenn Oma und Opa ein Einsehen hatten und ein neues Modell als Einschulungsgabe spendierten. Dann kam er, der wichtigste Tag unserer Kindheit, unser großer Tag.

„Und wer hat immer brav seine Hausaufgaben gemacht?"

Ein süßer Bestechungsversuch

Info

Die große Tüte mit großer Öffnung und Manschette aus Krepp oder Stoff gehört hierzulande zur Standardausrüstung für jeden Schulanfänger. Einstmals wurde allen Erstklässlern erzählt, dass im Keller der Schule oder im Haus des Lehrers ein Zuckertütenbaum stehe. Und wenn die Tüten groß genug seien, dann wäre es für die Kleinen höchste Zeit für den Schulanfang. Der Brauch, den kleinen ABC-Schützen mit Naschwerk, Obst und Nüssen den sauren Gang zur Schule zu versüßen, stammt aus Mitteldeutschland. Bereits zu Beginn des 19. Jahrhunderts (Jena 1817, Dresden 1820, Leipzig 1836) begannen Paten und Eltern damit, den Schulanfängern den Eintritt in den Ernst des Lebens mit reich gefüllten Schultüten leichter zu machen. Von den Kaufhäusern propagiert, trat der süße Bestechungsversuch ab 1900 seinen Siegeszug an und gehörte spätestens seit den 1950er-Jahren in den Arm eines jeden deutschen I-Dötzchens. Seit sich unsere Ur-Ur-Urgroßeltern über schlichte Packpapiertüten freuten, haben Inhalt und Aussehen der Schultüte je nach Mode und Trend zahllose Wandlungen durchgemacht. Aber egal ob die Tüten den deutschen Kaiser zeigten oder den Sozialismus priesen, mit Schnatterinchen oder Micky Maus, Fußballstars oder niedlichen Pferden, schrillen 1970er-Jahre-Mustern oder modernen LED-Leuchten verziert waren – es gibt wohl kaum ein Fotoalbum ohne Erinnerungsfoto mit Schultüte. Dabei werden wir übrigens von Erstklässlern der ganzen Welt beneidet, da der Zuckertüten-Brauch nur in den deutschsprachigen Ländern Verbreitung fand. Aber warum die Schultüten der neuen Bundesländer sechseckig, die der alten Bundesländer rund sind, das hat auch noch niemand herausgefunden.

Unser größter Tag

Es war einer dieser schönen Sommertage, als wir uns an den Händen unserer Mütter geklammert dorthin begaben, wo fortan unser wildes Kinderleben in ordentliche Bahnen gelenkt werden sollte. Die Kniestrümpfe bis zu den Kniekehlen hochge-

So artig schauten wir nur am ersten Schultag drein.

zogen, die roten Sandalen festgezurrt und das frisch gewaschene Haar – „Seit wir Schauma nehmen …" – sorgfältig gekämmt, fanden wir uns plötzlich in einer aufgeregten Schar Kinder wieder, die alle nur eines wollten: die Zuckertüte

Die Aufregung und Anspannung stand uns allen ins Gesicht geschrieben.

plündern und schnell wieder nach Hause. Lernen wollten wir auch, klar. Fest an die bunte Schultüte geklammert hörten wir die festlichen Worte des Schuldirektors, lauschten den

Die älteren Klassen bereiteten uns einen bunten Empfang.

Viertklässlern, die ein schönes Lied zum Besten gaben und sahen die stolzen Blicke unserer Mütter. Endlich gehörten wir auch zu den „I-Dötzen“ und hatten als „ABC-Schützen“ den Kindergarten hinter uns gelassen. Jetzt waren wir groß. Und schon erhielten wir unsere erste Lektion: Man darf nicht reden, wann man will, man darf nicht aufstehen, wann man will, man darf nicht spielen, wann man will, man darf nicht essen, wann man will ... Wie sagte Samson der Sesamstraßenbär noch? „Uijuijui!“ Hatten wir uns das so vorgestellt? Doch zumindest waren wir nicht allein. Wir erkannten den einen oder anderen Spielkameraden aus dem Kindergarten oder der Nachbarschaft, der unser Schicksal teilte. Und wenn man ein wenig Glück hatte, durfte man sich neben einem bekannten Gesicht in die Bank setzen und lauschen, wie uns „Frollein“ Lehrerin erklärte, dass weder Barbies neue Kleider noch glänzende Matchbox-Autos, sondern Stifte, kleine Tafeln und

Solche modernen Kunststoffranzen hatten nur die jüngeren Jahrgänge unter uns.

Die älteren trugen noch Lederranzen auf dem Rücken.

Matchbox-Autos hatten
im Ranzen nichts zu suchen.

Bücher unsere zukünftigen Vormittage bestimmen würden. Und wir freuten uns darauf, mit Wachsmalstiften bunte Schleifen zu malen, aus denen früher oder später Buchstaben und Wörter wurden. Voller Stolz trugen wir unsere eigene „Tonne“ und wussten, irgendwann, an einem fernen Tag, würden wir auch da oben auf der Tribüne stehen, und andere Erstklässler mit einem Lied begrüßen. So begann er also, der Ernst des Lebens. Und wann dürfen wir endlich die Schultüte plündern?

Das Wichtigste: der Füller

Der Füller, genauer der Füllfederhalter, war das wichtigste Utensil von allen. Er musste mit Ehrfurcht behandelt werden und durfte erst benutzt werden, als unsere Sandkastenfinger seitenweise Schleifen mit dem Bleistift hinter sich hatten. Geha oder Pelikan?, das war hier die Frage und uns eigentlich egal. Nur blau sollte er sein. Himmelblau oder dunkelblau mit glänzender Metallkappe und Tintenfüllstandsgucklöchern. Zwar konnten die meisten mit dem filigranen Schreibgerät noch lange nicht umgehen, aber das Auswechseln der Tintenpatronen, die man wie in einen Cowboy-Revolvergurt klemmte, klappte schon ganz gut. Die Jungs hatten natürlich zuerst raus, dass

Da zeigt sich schnell, wer die Klassenclowns sind.

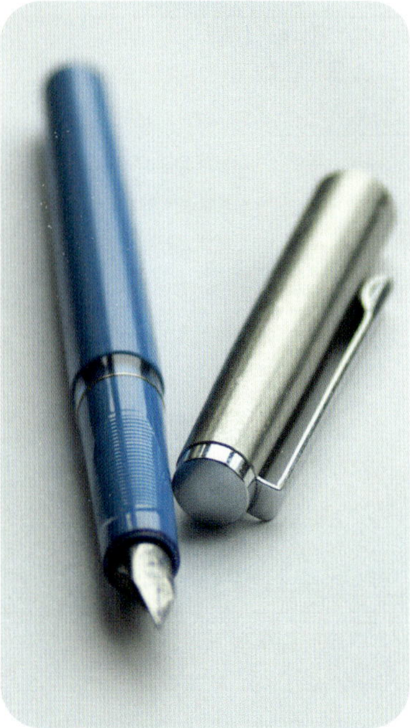

Stolz war, wer schon mit dem Füller schreiben konnte.

sich die kleinen gläsernen Verschlusskügelchen der Plastikpatronen prima zweckentfremden ließen. Sie zu ergattern war allerdings nicht immer ganz einfach, vor allem wenn mal wieder keine Schere zur Hand war. Und es endete nicht selten mit königsblauen Flecken, die sich vom Mundwinkel auf Hände, Hosen und Hefte verbreiteten.

Unser Freund und Helfer

Unsere Einschulung brachte uns der Welt der Erwachsenen ein großes Stück näher. Da seinerzeit nur die wenigsten Familien über ein zweites Auto verfügten, wurden wir nur in Ausnahmefällen zur Schule gebracht. Die meisten von uns mussten vom zweiten Schultag an alleine den Weg zur Schule finden. Plötzlich waren wir, wie die Erwachsenen, Teil des Straßenverkehrs. Gut, die Überquerung einer Straße war noch kein lebensgefährliches Unterfangen, alles war noch relativ übersichtlich und die Blechlawinen von heute kaum vorstellbar. Auf manchen Straßen konnte man sogar stundenlang Rollschuh fahren, ohne ständig von genervten Autofahrern behelligt zu werden. Dennoch hatten unsere Eltern uns den sichersten Weg zur Schule gezeigt, waren mit uns über Zebrastreifen gelaufen, hatten das Linksgucken, Rechtsgucken und wieder Linksgucken exerziert. Das konnten wir, auch wenn Kaugummiautomaten

Traumberuf Polizist:
wir üben schon mal.

und Spielplätze am Wegesrand unsere Aufmerksamkeit immer wieder auf die Probe stellten. Um die richtige Verhaltensweise inmitten von Lieferwagen, Mopedfahrern und sportlichen Golffahrern zu verinnerlichen, stand eines Tages ein echter Polizist in der Klasse. Der konnte ganz schön streng gucken und erklärte uns noch einmal, wie gefährlich so eine Straße sein konnte. In Zweierreihen, vorne wie hinten von Lehrerinnen überwacht, folgten wir dem Schutzmann zu den gefährlichen Orten. Das war schon toll. Denn der große Mann in Uniform durfte einfach mitten auf die Straße gehen und den Verkehr anhalten – nur für uns. Ja, Polizist wollten wir auch werden, vor allem so ein netter.
Ein paar Schuljahre später, wir hatten uns vom niedrigsten Verkehrsteilnehmerrang eines I-Dötzchen-Fußgängers zum rasanten Fahrradflitzer gemausert, war wieder Polizeistunde. Diesmal kamen sie sogar zu zweit. Auf dem Schulhof mussten wir unsere heiß geliebten, mehr oder weniger gewienerten Drahtesel vorführen, die dann auf Herz und Nieren bzw. auf Licht, Bremsen und Klingel überprüft wurden. Anschließend mussten wir noch einen kleinen Parcours durchfahren, zeigen, ob wir richtig bremsen konnten, und einige Fragen zum Thema Radweg und blaue Verkehrsschilder beantworten, dann folgten noch ein paar Straßenüberquerungen mit und ohne Ampel, richtiges Anhalten

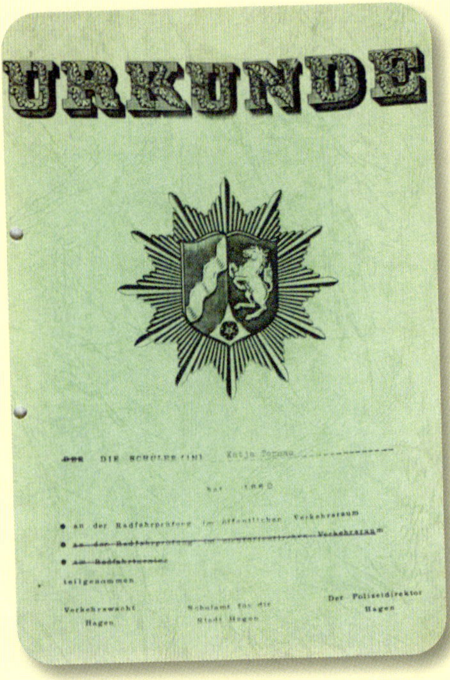
URKUNDE

DIE SCHÜLER(IN) Katja

• an der Radfahrprüfung im öffentlichen Verkehrsraum

teilgenommen

Verkehrswacht Hagen

Schulamt für die Stadt Hagen

Der Polizeidirektor Hagen

Die Urkunde für die Radfahrprüfung – in Polizeigrün, mit Polizeistern.

an einer Kreuzung usw. Für uns Drahteselakrobaten war das alles kein Problem. Und zur Belohnung gab es sogar eine richtige Urkunde, in der uns die bestandene „Radfahrprüfung im öffentlichen Verkehrsraum“ vom Polizeipräsidenten bestätigt wurde. Doch das Tollste war natürlich, dass wir uns in das Polizeiauto setzen und sogar das Blaulicht betätigen durften. Und zum nächsten Geburtstag stand eine Polizeiausrüstung ganz oben auf dem Wunschzettel, so eine mit Mütze, Warnkelle und Trillerpfeife. Pistole und Handschellen gehörten natürlich auch dazu, wenn man Freund und Helfer werden wollte.

Verbotene Orte

Das Schönste an der Schule war, lange bevor wir sie als Bühne für jugendliche Kabale und Liebe entdeckten, der

Heimweg. In jener Zeitspanne zwischen dem letzten Klingeln und den mütterlichen Fragen:

„Wie war's? Was habt ihr gemacht? Welche Schularbeiten habt ihr auf?",

waren wir ein paar Viertelstunden lang der Aufsicht von Schule und Zuhause entrückt. Das war die Zeit für kleine Abenteuer. Denn ganz egal wo wir aufwuchsen, ob in den neonbeleuchteten Straßen großer Städte, an den ordentlichen Rasenkanten der Vorortnachbarschaften oder in gemütlichen „Man-kennt-sich-Dörfern", überall gab es sie: die verbotenen Orte. Wir entdeckten sie immer, und immer strahlten sie eine unglaubliche Anziehungskraft aus, der wir nur wenig entgegenzusetzen hatten. Von der Erwachsenenwelt ausgesprochene Verbote inklusive Androhung gemeiner Strafen erhöhten natürlich den Reiz. Sie strahlten eine Art Magie aus, wie der berühmte rote Schalter mit dem „Drücken-verboten"-Schild. Wir konnten gar nicht anders. Überdies hatten wir längst herausgefunden, dass alles Verbotene meist auch spannend war. Wie die Motten das Licht umkreisten wir auf unseren Drahteseln die verlassene Villa, fanden uns zufällig auf dem Schrottplatz wieder und führten unsere Indianer-Streifzüge immer näher an die Baustellensandhügel der neuen Siedlung vorbei.

„Betreten verboten. Eltern haften für ihre Kinder",

stand da auf Blechschildern zu lesen. Tatsächlich hielten uns die offiziellen Warnungen zunächst fern. Zunächst, denn irgendwann siegte die Neugier über die Angst vorm Kittchen. Außerdem, wenn man uns erwischen sollte, da waren wir uns einig, dann würden wir natürlich die Schuld auf uns nehmen, damit unsere Eltern nicht für uns ins Gefängnis geschickt wurden. Indianerehrenwort! Großes!

Da war also diese alte Villa. Man konnte sie von der Straße aus sehen, über die uns unsere tägliche Fahrradfahrt zur Schule führte. Hinter schmiedeeisernen Zäunen, von einem verwilderten Garten umgeben, stand sie verlassen da. Schiefe Fensterläden, eine mit Latten vernagelte Eingangstür und einige vom Wind heruntergewehte Dachpfannen markierten uns den Ort als äußerst interessant – und frei von Erwachsenen. Denn wo Erwachsene häufiger auftauchen oder Hausmeister ihr wachsames Auge schweifen ließen, da lagen keine Dachpfannen rum und da wuchs auch kein Löwenzahn aus Gehwegen. Nach mehrtägiger Erkundung auf dem Schulweg war das Loch im rückwärtigen Zaun entdeckt. Es gab immer irgendwelche Löcher in Zäunen, man musste sie nur finden und sich ganz schmal machen können. Das erste Hindernis überwunden und alle Warnungen vom Forscherdrang verdrängt, ging es los in unbekannte Gefilde. Hätten wir Indianer Jones schon gekannt, wir wären wie er gewesen, zwar ohne Hut und Lederjacke, aber mit gleicher Furchtlosigkeit! Na ja, fast. Tatsächlich, ein offenes Fenster. Für uns, die wir die Räuberleiter an zahllosen Bäumen und dem Klettergerüst auf dem Schulhof geübt hatten, war das kein Problem. Dumpfe Stille erwartete uns, als wir mit unseren Turnschuhen über die verstaubten Dielen tappten. Das eigene Herzklopfen war das Einzige, was zu hören war. Spinnenweben hingen in langen Fahnen von den alten Leuchtern und bewegten sich leicht, wenn wir vorsichtig an ihnen vorbeischlichen. Durch quietschende Türen und über knarrende Dielen führte der Weg ins Innere des verwunschenen Gebäudes. Lebte hier echt niemand mehr? War das Haus wirklich verlassen? Im Dämmerlicht war die Küche zu erkennen. Und dahinten? Führte die Tür in den Keller? Oh je, was sich in den dunklen Ecken so alles verbergen konnte. Waren das Schritte? Quatsch, Angsthasen! Oder? Tatsächlich, ein Geräusch. Blitzschnell fuhren uns die Bilder durch den Kopf, die wir letztens erst sahen, als wir durch den Türspalt vom Kinderzimmer heimlich den Spätfilm mitgeschaut hatten: „Mumien, Monster, Mutationen“ und die blutunterlaufenen Augen von Christopher Lee hatten sich fest eingeprägt. Vielleicht zu fest. Aber das war doch nur ein Film! Ja, gut, aber wenn es solche Wesen irgendwo auf der Welt

Ein leer stehendes Haus oder ein verwilderter Garten bargen Geheimnisse und versprachen Abenteuer.

geben würde, dann hier! Hier in diesem alten Haus! Vielleicht im Keller – und wir hatten es geweckt. So schnell wie diese Gedanken, vielleicht noch ein wenig schneller, flitzten wir zurück, durch das Fenster, durch den Garten, durch den

Zaun. Bloß weg hier! Auf die Räder und los, wie der geölte Blitz, Treffpunkt Spielplatz!
Im hellen Sonnenlicht kehrte der Mut rasch zurück. Angst? Nee! Nur Babys haben Angst vor Vampiren oder Baskerville-Hunden aus dem Fernsehen. Das Geräusch stammte sicherlich nur von einer Katze. Bestimmt. Und wie erklären wir die schmutzigen Hosen? Und den kaputten Pullover, der uns plötzlich am Fensterrahmen festhielt? Da musste wohl eine gut überlegte Notlüge her, sonst drohte Fernsehverbot bis zum nächsten Geburtstag.
Es sollten Monate vergehen, bis die mutige Forschertruppe alle Zimmer der alten Grusel-Villa erkundet hatte. Nur die Kellertür in der Küche, die blieb unberührt. Und als wir später die Gruselromane von Stephen King lasen, da wussten wir ganz genau, woher er seine Ideen hatte.

Gefährliche Spiele

Da wir keine spannenden, unerforschten Höhlen hatten wie die, in der sich einst Tom Sawyer verirrte, mussten wir halt selber welche bauen. Wozu waren denn Kiesgruben sonst da? Vor allem wenn sie am Wochenende so schön verlassen lagen. Dieses riesige Sandloch mitten im Wald war einfach unwiderstehlich – und meist in Drahtesel-Reichweite. Mit Anlauf in die mächtigen Sandhügel springen, ohne sich wehzutun, mit den Freunden um die Wette abwärts kugeln, um sich danach prustend den feinen Sand aus Taschen, Ohren und Nase zu schütteln. Und die steilen Klippen waren perfekt, um in wenigen Stunden eine feine Höhle zu buddeln. Mit Taschenmessern und Stöcken gruben und kratzten wir uns unermüdlich in die sandigen Wände. Man musste ganz schön aufpassen und vorsichtig zu Werke gehen, damit das kunstvolle Werk nicht in sich zusammenbrach. Vielleicht war es ganz gut, dass die meisten unserer Höhlen nie fertig wurden. Meist gab das bröselige Material so rasch nach, dass wir nach zwei, drei Versuchen die Lust verloren und uns spannenderen Dingen zuwandten.

Aus Comics holten wir uns die Ideen für neue Abenteuer.

Denn irgendwann erreichte uns die schreckliche Nachricht über Kinder, die in genau so einer Höhle verschüttet worden sind. „Aber ihr wisst ja, dass ihr nicht in der Kiesgrube spielen dürft!?" „Klar, das würden wir niiie tun. Das war ja viiiel zu gefährlich."
Das mulmige Gefühl blieb. Doch das tiefe Wasser in den Gruben wirkte so schön blau, dazu die gelben Sandwände, das sah fast genau so aus wie beim „Schatz im Silbersee". Wer wollte da schon widerstehen? Und der alte Schwimmbagger – irgendwie hatte der etwas von dieser Lederstrumpf-Blockhütte mitten im See. Sich vorzustellen, wir würden von skalpgierigen Indianern verfolgt und könnten uns nur mit Mühe auf die rostige Insel retten, um von dort aus der hundertköpfigen Übermacht zu

Abenteuer lauerten überall.

trotzen ... Das waren echte Abenteuer! Abends dann, wenn uns beim Ausziehen vor der Badewanne der feine Sand verräterisch aus dem Hosenbund rieselte, erzählten wir unseren Eltern von den bunt bemalten Betonröhren und dem neuen Klettergerüst aus Balken und Netzen drei Straßen weiter. „Abenteuerspielplatz" nannten die Erwachsenen das. Die hatten ja wohl gar keine Ahnung, was zu einem richtigen Abenteuer gehört – aber als Ausrede taugten sie allemal. Nur nicht für den vergeigten Vokabel-Test – leider.

Fliegende Drahtesel

Die Reichweite unserer Streifzüge durch die Umgebung war begrenzt, vor allem zeitlich. Der Zeitrahmen orientierte sich meist an den Schularbeiten und daran, dass man vor dem Dunkelwerden bzw. pünktlich zum Abendbrot wieder daheim sein konnte. Das war wichtig, da die Sorge unserer Eltern – aus unserer Sicht natürlich völlig übertrieben – allzu häufig zu strenger Ahndung führte. Wer erinnert sich nicht an das Gezeter, weil man uns wegen einer klitze-klitze-kleinen Verspätung „Daktari" vorenthielt. Noch schlimmer als eine dunkle Mattscheibe waren Haus- oder Stubenarrest, das war blanker Horror, wenn draußen die Sonne schien. Und die Androhung einer radikalen Kürzung der Geburtstags- und Weihnachtswunschzettel durch die elterliche Obrigkeit blieb auch nicht ohne Wirkung. Um unseren Wirkungsradius zu erweitern, waren Fahrräder unerlässlich. Nicht nur, weil man, wenn man mal wieder die Zeit „vergessen" hatte, sich prima mit einer abgesprungenen Kette herausreden konnte. Fahrräder waren unser ganzer Stolz, aufgemotzt mit Plastikfransen an den Griffen, bunten Katzenaugen oder Bierdeckeln, die beim Fahren in den glänzenden Speichen wirbelten – da gab es fantastische Möglichkeiten. Neben einer besonders schrillen Klingel oder schrägen Tröte standen Fahrradtachometer ganz oben auf der Wunschliste. Gab es Schöneres, als mit den anderen im Pulk über abschüssige Straßen zu fliegen? Höchstens vielleicht jeden Tag Spaghetti-Nudeln mit Ketchup, Fernsehschauen, wann immer man will, eine Woche Hitzefrei, das Feuerzeug aus dem Kaugummiautomaten ... Aber, wenn

Zwar kein Bonanzarad,
aber immerhin.

wir von unserem letzten Besuch auf dem Schrottplatz, reagierten alle Mütter höchst allergisch. Daran änderten auch Persil-Mann, Weißer Riese und die nette Klementine nichts. Ja, ja, man hatte uns diverse Male erzählt, dass dafür extra diese Hosenklammern erfunden wurden, dass man das Hosenbein hochkrempeln oder in den Strumpf stopfen konnte. Klar, aber das sah doch alles echt dämlich aus! Wir wollten doch nicht rumlaufen wie unser

die Reifen mit hohem Sirren über den glänzenden Asphalt jagen und man sich, wie ein Motorradrennfahrer, weit über den Lenker duckt, um genau zu sehen wie die kleine rote Tachonadel eine Markierung nach der anderen erklimmt, immer weiter und weiter ... das war schon toll. Zugegeben, so mancher Rekordversuch endete jämmerlich, weil das doofe Hosenbein mal wieder zwischen geölter Kette und verschmiertem Ritzel geraten war. Und auf Ölflecken, das wussten

Wer so eins besaß war König.

Mathelehrer, und der ... naja. Wir waren zwar nur wenig eitel, aber was zu weit ging, ging zu weit. Außerdem lauerte die wahre Gefahr beim Rollsplitt. Den Blick wie gebannt auf die Tachonadel geheftet, provozierten die unverhofft (und meist in Kurven) auftretenden lockeren Steinchen so manchen gewagten Stunt, der sich in aufgeschürften Knien und blutigen Handballen verewigte. Und wegen der kaputten Hose gab es auch wieder Ärger. Obwohl, der war weniger schlimm als bei schwarzen Schmierölflecken.

Aber schnell waren wir. Mindestens 55 Sachen hatten wir drauf, mindestens! Das sollte uns erstmal jemand nachmachen. Didi wäre stolz auf uns gewesen! Nee, nicht der von „Nonstop Nonsens“, sondern der andere. Der, der mit dem gelben T-Shirt durch Frankreich geradelt ist. Dietrich Thurau, genau. Der war richtig schnell, super-duper-schnell. Gut nur,

Was in den 70ern die Bonanzaräder, das waren in den 80ern die BMX-Räder.

dass die Eltern nie nachfragten, warum wir trotz Rekordgeschwindigkeiten immer so lange für den Heimweg brauchten. Wir hätten es mit Einstein und unserer Relativitätstheorie erklären können, aber so weit waren wir noch nicht.

Info

Aufgemotzter Jungentraum

Sie hatten mit den Männern von der Pondarosa-Ranch wenig gemeinsam, kamen aber aus Amerika und waren schon deshalb irre cool: Bonanzaräder. Besonders für Jungs sind sie neben Prikel-Pit, Prilblumen und Leckmuschel die wahren Ikonen der 1970er-Jahre. Das eigene Fahrrad war für jedes Kind etwas Besonderes. Aber diese Draht-Chopper, die zwischen 1968 und 1977 auf den Seiten eines Versandhauskataloges angepriesen wurden, waren ein echter Knaller. Ein langer Bananensattel mit aufragenden, chromglänzenden Sitzbügeln, 20-Zoll-Weißwandreifen, ein langer Geweihlenker und einer Drei-Gang-Schaltung auf dem Rahmen – das sorgte für manch wilden Easy-Rider-Traum. Damit so ein Rad zum wirklichen Hingucker wurde, musste das relativ schlichte Auslieferungsmodell allerdings noch ordentlich aufgemotzt werden. Speichenklicker, Batterie-Hupe oder Sturmklingel sorgten für den passenden Sound. Man konnte die Bremszüge mit Plastikspiralen umwickeln, die Lenkerenden mit Noppenhandgriffen und bunten Gummibandfransen bestücken, die im Fahrtwind flatterten. Dazu Stoßdämpferaufkleber an der Gabel, Getränkehalter aus Plastik, Schmutzfänger mit Rallyedesign und natürlich ein möglichst großer Rückspiegel, am besten sogar zwei. Mit einem wehendem Fuchsschwanz war man der König der Radfahrknirpse. Aber ein Wimpel, wie ihn die Verkehrspolizei bei bestandener Fahrradprüfung verteilte („Sicherheit im Verkehr“ stand da zu lesen), tat es schließlich auch. Bonanzaräder waren ein echtes Statussymbol, das nicht jedem vergönnt war. Aber auch andere Räder konnte man mit ein wenig Geschick zum Hingucker machen. Hauptsache es fährt.

Das Ergebnis kreativen Tonknetens in der 3. Klasse.

Basteln am Puls der Jahreszeiten

Wo ist sie nur hin, die Zeit? Nein, nicht die schöne Zeit unserer Kindheit oder jene Epoche der mehr oder weniger schönen Schulzeit. Das wissen wir. Der Tatsache, dass jene unbeschwerten Tage vorüber sind, schauen wir schließlich tagtäglich ins Gesicht. Aber wo sind die Jahreszeiten geblieben? Damals, als wir Morgen für Morgen unsere Schultasche mit Büchern, Heften und gemachten Hausaufgaben bzw. schlechtem Gewissen zur Schule schleppten, hatten wir den Rhythmus des Jahreslaufes nahezu verinnerlicht. Osterferien, Sommerferien, Herbstferien, Weihnachtsferien und manchmal sogar

Ein Wunderwerk der Laubsägekunst.

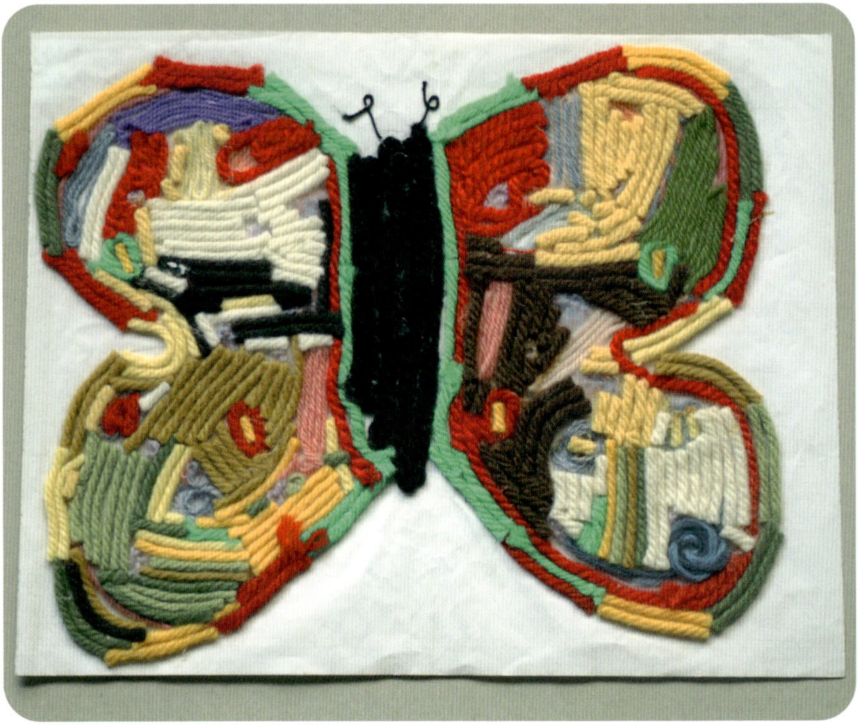

Hauptsache bunt!

Kartoffelferien waren die Fixpunkte des Schuljahrs (neben Zeugnissen, Elternsprechtagen und Wandertagen). Während wir heute den Wandel der Jahreszeiten fast nur noch am Hin- und Herwechseln der Reifen, sich stapelnden Reisekatalogen und beängstigenden Heizkosten bemerken, waren uns damals die Jahreszeiten irgendwie näher. Blühende Wiesen und gedeihende Felder boten im Frühjahr ungeahnte Spielmöglichkeiten, die Kraft der sommerlichen Sonne ermöglichte Hitzefrei und die Winter waren so schneereich, dass auch da der eine oder andere Schultag ausfallen konnte. Die Jahreszeiten unserer Schulzeit waren wunderbar deutlich an den Bastelstunden zu erkennen. Zum Muttertag im Frühjahr wurden Gläser mit Mustern bekratzt oder buntes Kunststoffgranulat zu bildschönen Fensterdekorationen gebacken, im Sommer knoteten wir aus Sisal formvollendete Blumenampeln, schnitzten praktische Brieföffner und brachten glitschigen Ton in fantasievolle Formen. Im Herbst fertigten wir ganze Tiergärten

Das Häkeln erfordert Geschick und Konzentration.

aus Kastanien, übten uns im kubistischen Kartoffeldruck und nagelten artgerechte Vogelkästen zusammen. Die Weihnachtszeit näherte sich mit adventlichen Kreuzen und schmucken Untersetzern aus abgebrannten Streichhölzern, dazu gesellten sich Schneemänner aus aufgeklebten Wollresten und natürlich die obligatorischen Strohsterne aus Strohhalmen, die tatsächlich noch aus Stroh waren. Jede Jahreszeit hielt ihre besonderen Materialien und Motive bereit, die wir verbastelten, was das Zeug nur hielt. Alle Eltern, Tanten und Onkels waren stets begeisterte Abnehmer unserer kreativen Leidenschaft. Und was wir nicht verschenkten, das wurde sorgsam aufbewahrt und hat in mancher alten Schatulle die Jahrzehnte überstanden. So wurden schon diverse Dachboden-Aufräumtage plötzlich zum Revival längst vergessener Kunstfertigkeiten:

„Guck mal, für den Teddy hab' ich in Stricken 'ne Eins bekommen!"
„Du kannst Stricken?"
„Naja, ähm ..."

Die Groschengräber der Kindheit

Die meisten waren rot. Es gab sie in allen erdenklichen Farben, doch in der Erinnerung strahlen alle Kaugummiautomaten in diesem Leuchte-Rot, Knallrot, Feuerrotes-Spielmobil-Rot, das sich uns genau so einprägte, wie das Gelb jener Kästen, in die man die Postkarte für Tante Hilde einwarf. Und so wie die Väter wussten, wo der nächste Zigarettenautomat hing, wussten wir ganz genau, wo die unterschiedlichsten Kaugummispender auf uns warteten. Die Gefährten unserer Kindheit waren allgegenwärtig, meist an Hauswänden oder anderen Mauern angebracht. Auffällig häufig in unmittelbarer Nähe zu Vaters Tabaknachschub. Sie markierten Gaststätten- und Ladeneingänge und säumten in regelmäßigem Abstand und kindgerechter Augenhöhe den Weg zur Schule. Es gab sie vereinzelt, als Doppel- oder Dreierautomat und sogar als Viererbatterie, bei denen es besonders schwer fiel, sich für denjenigen Ein-

Kindheitsnostalgie in Knallrot.

wurfschlitz zu entscheiden, der nach unserem Dafürhalten die ergiebigste Ausschüttung bereithielt. Durch die Guckfenster an den Seiten der metallenen Würfel inspizierten wir das

Farbig, zuckersüß und knallhart: Kugelkaugummis.

Sortiment genau, um zwischen den bunten 08/15-Kaugummikugeln die heiß begehrten Kleinartikel zu entdecken. Während die Automaten auf den Tresen der Wirtshäuser immer nur unspektakuläre Nussvariationen zu bieten hatten, konnte man bei den Außenautomaten auf Schlüsselanhänger und Plastikschmuck, winzige Taschenmesser oder sogar eine funktionierende Klapp-Lupe hoffen. Als höchstes Objekt unserer Begierde ruhte manchmal inmitten der Farbstoff-Kaukugeln sogar ein echtes Mini-Feuerzeug. Das war selten, und daher ein Hauptgewinn! Ob nach der Schule oder auf dem Weg zum Sportkurs, zwischen Fahrradrennen und Klingelstreich, ein kurzer Stopp ließ sich immer einrichten und machte die Automaten gewissermaßen zu Fixpunkten unserer Kindheit. Wenn man unser Bravsein mit ein paar Münzen

belohnt hatte oder vom Schulmilchgeld der eine oder andere Groschen übrig geblieben war, kamen sie hier zum Einsatz. Vorsichtig schob man das 10-Pfennigstück in den erwählten Schlitz, um es dann mit geübtem Drehen ins Innere zu befördern. Hatte sich die Münze mit deutlichem Klimpern zu den anderen gesellt, löste eine weitere energische Drehung jenen Mechanismus aus, der mit Klappern und Rumoren einen Teil der begehrten Ware freigab. Musik für unsere Ohren. Manch einer beteuerte, dass er allein am Klapperklang das Beutestück erkennen könnte, was allerdings ähnlich uneffektiv war wie das Schütteln von Überraschungseiern. Nach dem überaus verheißungsvollen Auftakt erwartete uns hinter der Metallklappe vom Ausgabeschacht jedoch meist eine Enttäuschung: Kaugummikugeln. Die knallharten 1-cm-Bälle aus Ersatz-, Aroma- und Zuckerstoffen waren wohl für die Ewigkeit gedacht. Weder sommerliche Hitze noch winterlicher Frost konnte ihnen sichtbar etwas anhaben. Und genauso fühlte sich das Zeug auch an, in das wir die bunten Bälle mit Zähnen und viel Spucke verwandelten. Sowohl Farbe als auch der supersüße Geschmack verlor sich dann binnen weniger Minuten. „THANK YOU" stand auf manchen Ausgabeklappen. Na toll, ein Vokabeltest, aber wieder kein Feuerzeug, wieder kein Taschenmesser, nicht einmal ein Glitzerring. Ob man die zwei Notfall-Telefongroschen auch noch investieren sollte? Irgendwann musste es doch funktionieren ...
Damals, als weder Bits noch Bytes zum allgemeinen Wortschatz gehörten, Videospiele teurer Luxus und wir für die Flippertische noch nicht die richtige Körpergröße hatten, bot die einfache Mechanik der Kaugummiautomaten durchaus eine Herausforderung. So wurden sie zu einem Stück Kindheitsnostalgie, die hier und da noch zu finden ist. Von Vandalen malträtiert, vergittert, angekokelt und in die Jahre gekommen sind sie schon lange keine Augenweide mehr – und trotzdem irgendwie kultig. Bleibt nur die Frage: Wer hat das Feuerzeug bekommen?

Karius & Baktus

Info

Wer erinnert sich nicht an die beiden netten Bakterien, die in einem Backenzahn von Max leben und es sich bei Kuchen und anderen Süßigkeiten gut gehen lassen. Zwischendurch bearbeiten die zwei Pumuckl-ähnlichen Freunde mit Pickel und Presslufthammer weitere Zähne und sorgen bei ihrem Hausherrn für Zahnschmerzen. Nach dem gründlichen Zähneputzen und anschließendem Zahnarztbesuch („Mami, Mami ...“, er hat nämlich doch gebohrt!), fliegen die beiden raus und segeln auf einem Floß neuen Abenteuern in ungeputzten Zahnregionen entgegen. Das Kinderbuch, in dem die beiden Zahnzerstörer bereits ab 1949 alle Kinder zur Mundhygiene animieren sollten, stammt von dem Norweger Thorbjörn Egner. Es wurde ein weltweiter Bestseller, der vor allem in den Warteräumen der Zahnärzte auf Leserschaft wartete. Eine gute Idee. Leider hatte die Sache einen kleinen Haken. Einige Kinder fanden Karius und Baktus so sympathisch, dass sie nur mit Mühe zur Zahnreinigung überredet werden konnten. Aber bei den meisten hat es funktioniert.

Wieder richtig Sommer

Wie war das noch? Wenn das Thermometer um 10 Uhr am Vormittag, ein Meter über dem Boden 25 Grad im Schatten anzeigt, dann ... ja, dann gab's Hitzefrei. Wen erinnert nicht alleine das Wort an unbeschwerte Kinderjahre? Hitzefrei, ein schönes Wort, dem der Geruch von „Delial – bräunt ideal“ anhängt, das nach „Brauner Bär – mit dem Karamelkern“ schmeckt und die Farben von „Dolomiti“ trägt. Es gab sie tatsächlich, diese Tage, an denen über den asphaltierten Schulhöfen die Luft flimmerte und wir trotz weit geöffneter Fenster mit unseren nackten Beinen an den Stühlen klebten, während uns an der Tafel

Freibad – Heimat von Arschbombe und „Negerkussmatschbrötchen".

jemand die Sache mit Subjekt und Objekt erklärte. Wie war das? Was soll nun mit blauer, was mit grüner Kreide unterstrichen werden? Glück gehabt, die Lehrerin mit dem unaus-

Sunkist und Sonnentop – das riecht nach Sommer.

sprechlichen Bindestrich-Nachnamen hat nicht bemerkt, dass man teilnahmslos aus dem Fenster gestarrt hatte und jemand anderen an die Tafel zitiert. Und draußen könnte man sooo viel unternehmen, das hatten wir schon in der großen Pause besprochen. Hoffentlich gab es nicht wieder so viele Hausaufgaben ...
Herrlich waren sie, diese Tage unter blitzblauem Himmel, bei dem noch niemand an Ozonlöcher und Klimaerwärmung dachte. So war das, wenn Sommer war. Und, was war nun mit Hitzefrei? Ganz bestimmt hatte der Direktor das Thermometer in die dunkelste und kühlste Ecke seines Büros gehängt. Oder hatte er womöglich üble Tricks auf Lager, mit denen er die Quecksilbersäule beeinflusste? Also so, wie wir in Notfällen mit Tee das Fiebertherr-

mometer steigen lassen konnten, nur halt andersherum. Hauptsatz? Nebensatz? Auweia! Doch dann dringt das Geräusch scharrender Stühle durchs Fenster, lautes Gejohle aus den unteren Klassenzimmern, Gerenne auf den Fluren – das konnte nur eines bedeuten: der Direx hatte uns erhört. Hitzefrei! Vielleicht ist der ja doch ganz nett, trotz Vollbart, Pullunder und Schlips. Als uns die gute Nachricht offiziell erreicht, sind Federmappen und Schreibhefte schon längst in den Ranzen verstaut. Jetzt ganz schnell nach Hause gesaust, die alte Villa links, den Kaugummiautomaten rechts liegen gelassen, mit Schwung die Schul- gegen die Schwimmsachen-Tasche getauscht, unter dem Küchenfenster vorbeigemogelt und mit einem hastigen „Schulaufgaben-mache-ich-nachher-bis-später-tschüss," auf und davon. Der Tag war gerettet.

Glücklich, wer seinen Geburtstag im Sommer im Garten feiern konnte.

Schon konnte man das Türkisblau des Freibades zwischen den Bäumen erkennen, das Schreien, Quieken, Planschen war nicht zu überhören – und dieser unverkennbare Chlorgeruch. Stimmt es eigentlich, dass sich das Wasser grün färbt, wenn man ins Becken ... also, wenn man anstatt zum Klo ... Egal, der Tag würde wieder großartig werden. Unerlaubte Arschbomben und klebrige Negerkussmatschbrötchen statt Mathe und Deutsch – das war ein Sommertag nach unserem Geschmack.

Bleibe fröhlich, bleibe heiter ...

Heute sind sie mit Linien versehen und geben genau vor, wo man seine Hobbys, Lieblingsgruppe, Wünsche einzutragen hat und nennen sich Freundschaftsbücher. Ganz, ganz früher hießen sie Stammbuch und wurden nicht von jungen Schülern, sondern von Erwachsenen herumgereicht, mit der Bitte, die Bekanntschaft poetisch zu verewigen. Wir kennen sie noch als Poesiealben, die auf einmal, so etwa in der dritten, vierten Klasse überall auftauchten. Quadratische Büchlein mit blitzblanken Seiten, in knalliges Plastik, bunte Stoffe oder – selten und sehr edel – in Leder gehüllt. Sie eroberten die Schulbänke von der weiblichen Seite und wurden gehütet wie Schätze. Poesiealben waren offenkundig das Geheimnis der Mädchen, die ihre verschließbaren Seiten nach einem für Jungs nicht zu durchschauendem Plan untereinander austauschten. Den meisten Jungen war das zunächst auch egal. Glitzerbildchen und gemalte Kätzchen waren halt „Mädchenkram". Fußballklebebücher, Rennwagen-Quartettspiele und Modellautos in Streichholzschachtelformat waren ja auch viel bedeutendere Angelegenheiten. Außerdem gaben unsere Klassenkameradinnen ihre Alben sowieso nur an die allerbesten Freundinnen weiter, dann an die besten und weniger besten Freundinnen und dann an alle Mädchen aus der Klasse. Nach den Eltern, Großeltern, Lieblingstanten und -onkel durfte sich sogar die Klassenlehrerin

„... für alle Zeit Liebe, Glück, Zufriedenheit."

Bleibe fröhlich

mit einem sinnigen Erinnerungsspruch eintragen. Da trotzdem noch so viele Seiten unbeschrieben blieben, entfachte bald ein regelrechter Wettbewerb darum, wer die meisten Einträge zu verzeichnen hatte. Jetzt kam auch die männliche Klassenhälfte ins Spiel, die das Treiben mit Desinteresse beobachtete. Auch die Jungs hatten nämlich langsam kapiert, was Poesiealben eigentlich sind: persönliche Hitlisten! Wir alle liebten Hitparaden, egal ob von Dieter Thomas Heck, Ilja Richter oder in der „Bravo". Hauptsache wir selbst standen nicht am unteren Ende. Und Poesiealben waren auch so etwas. Ähnlich wie bei der Wahl zum Völkerball, nur, dass es nicht um Ballgeschick, sondern um Beliebtheit ging, die man in den Büchlein genau ablesen konnte. Denn man durfte sich ja nicht einfach auf irgendeiner Seite eintragen. Gott bewahre, nein! Bloß nicht! Deshalb wurden die Seiten ja mit Bleistift und in ausgesuchter Reihenfolge reserviert. Das hieß, je weiter man nach seiner Seite blättern musste, desto länger saß man am Ende auf der Völkerballbank. Ganz einfach.

Trotzdem war dieser „Mädchenkram“ für die Jungs echt lästig, zumal unsere Noten in „Schrift und Form“ meist zu wünschen übrig ließen. Der Tintenkiller war natürlich tabu, weil wir nur zu genau wussten, dass ein „gekillter“ Tintenklecks nach wenigen Tagen als hässlicher Fleck wieder zutage trat und für alle Ewigkeit blieb. Eine versudelte Seite einfach entfernen ging auch nicht:

„... und reiß mir keine Blätter raus, sonst ist es mit der Freundschaft aus!“,

stand warnend auf der ersten Seite. Die Situation war kniffig, guter Rat teuer! Schließlich war man ja schon ein wenig stolz darauf zu jenen zu gehören, denen ein Mädchen namentlich eine Doppelseite zugedacht hatte. Hinter den Freundinnen, Mitschülerinnen und Verwandten, Nachbarinnen und Vereinsfreundinnen, aber immerhin.

„In allen vier Ecken soll Freundschaft drin stecken“,

das war ein guter Spruch. Vor allem kurz. Doch meist war der

Lebensweisheiten in Schönschrift.

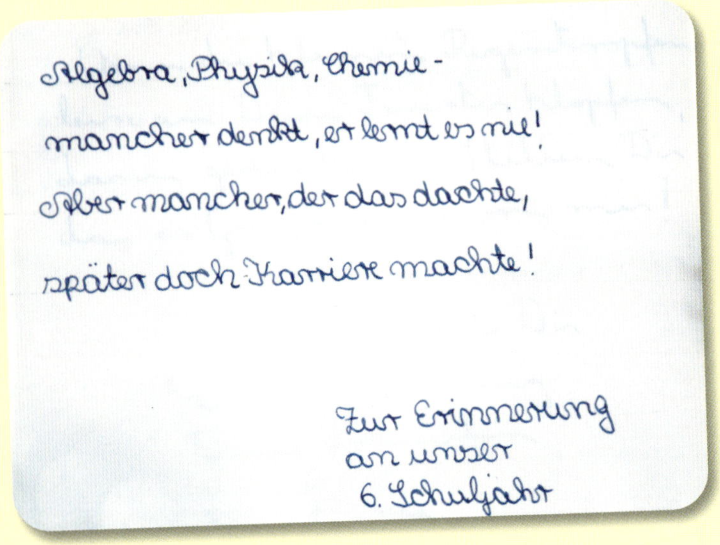
Algebra, Physik, Chemie -
mancher denkt, er lernt es nie!
Aber mancher, der das dachte,
später doch Karriere machte!

Zur Erinnerung
an unser
6. Schuljahr

Filzstiftkunst und echte Poesie.

schon weiter vorne vergeben, wenn man Pech hatte sogar mehrfach.

„Bleibe fröhlich, bleibe heiter, wie der Frosch am Blitzableiter!“

Auch schön, aber schon letzte Woche benutzt. Schließlich saßen Anke und Sabine nebeneinander, die würden sicherlich vergleichen ... Zu blöd! Die rettende Hilfe kam einmal mehr von Mutter, deren eigenes Poesiealbum ein wahrer Quell dieser Zeilen und altväterlicher Lebenstipps war.

„Was hält uns frisch und jung? Arbeit und Erinnerung!“,

sehr gut. Jetzt noch

„Zur Erinnerung an Deinen Klassenkameraden ...“,

Datum, Ort – geschafft, sogar in Sonntagsschrift, mit Füller! Fehlte nur noch ein wenig Schmuckwerk für die linke Seite. Da sich in Zimmern von zehnjährigen Jungs nur selten Sarah-Key-Puppen-Bildchen,

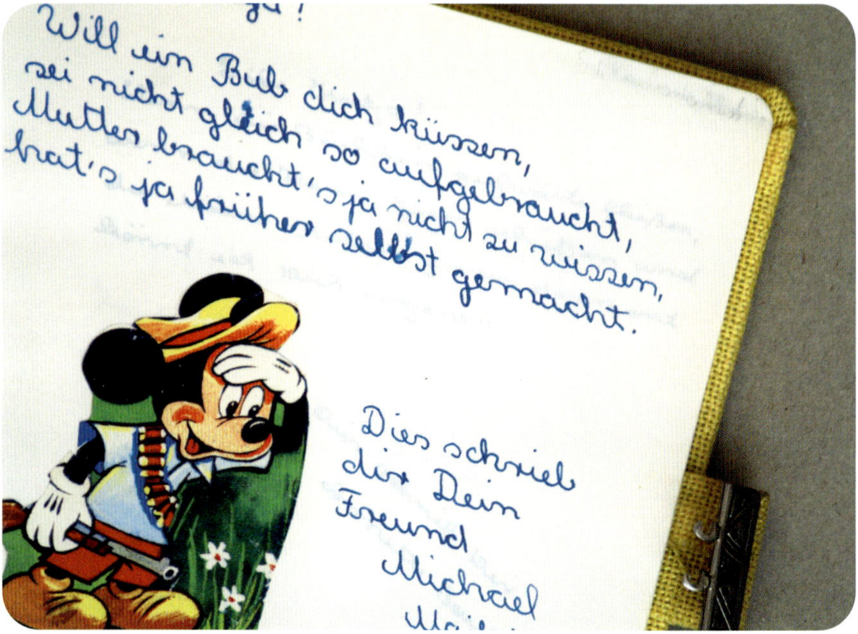

Micky-Maus hilft immer.

Blumen-Bastelbögen oder Märchenglitzersticker verirrten und das Kevin Keagan-Sammelbild viel zu wertvoll war, griff man beherzt zum „Filzer" und dekorierte die freie Fläche mit Blumen. Ganz Beherzte wagten sich sogar mit gebastelten Schablonen an die Buntstift-Wischtechnik – die dazu noch den kleinen Klecks verbergen würde, der irgendwie über die linke Hand ... trotz Löschblatt! Aber war da nicht in der letzten Micky-Maus ein Aufkleber gewesen? Ha, noch besser, gute Idee! Das würde gefallen. Bestimmt!

Erst später, als unsere Stimmen zwischen Kieksen und Brummen pendelten, entdeckten die Jungs ganz allmählich, dass Poesiealben nur eines von ganz, ganz vielen Geheimnissen der Mädchen waren. Und wieder hatten wir eine echte Lektion gelernt – für's Leben!

Tafelschwamm und Rollenspiel

Irgendwelche Streiche wurden bei jeder Lehrperson ausprobiert. Schließlich wollten wir wissen, mit wem wir es zu tun hatten. Manchmal trauten wir uns nur einen einzigen Versuch. So wie bei diesem Mathelehrer mit dem dunklen Vollbart und violetter Allwetter-Jacke. Allein die Operation Tafelschwamm brachte ihn so in Rage, dass wir von weiteren Aktionen zum näheren Kennenlernen freiwillig absahen. Dabei war es wirklich harmlos. Wir wussten genau, dass der Herr der Zahlen seine Rechenaufgaben nur an einer akkurat geputzten, blitzblanken Tafel zu lösen beliebte. Jeder zurückgebliebene außermathematische Kreidestrich war ihm tiefst zuwider. Besonders die klugen Sprüche wie

„Wer das liest, ist doof!"

wurden mit zackigem Wischen ausgemerzt. Meist von einem Vortrag über Sorgfalt, Präzision und allgemeiner Lebensunfähigkeit unsererseits untermalt. Na, aber genau deshalb hatten wir ihm ja den großen Schwamm auf dem Lehrertisch bereitgelegt. Dabei war es gar nicht so einfach gewesen, das saugkräftige

Nur auf Klassenfahrten und bei Schulfesten ...

Putzutensil genau soweit mit Wasser aufzufüllen, dass es nicht auslief ... Mit kräftigem Griff und weitem Schwung verteilte sich die bis dahin gebannte Flüssigkeit über Tisch, Buch, Aktenkoffer und den darin ruhenden Arbeitszetteln, die wir letzte Woche unter Stöhnen ausgefüllt hatten. Nein, es ist wahrlich kein schöner Anblick, wenn erwachsene, ernste und peinlich genaue Menschen ihre Beherrschung verlieren ... Zumindest kam uns in der Folgezeit der Matheunterricht noch trockener vor als sonst. Aber wenn man dem permanent misstrauischen Blick durch getönte Brillengläser ausgesetzt ist und die Rotstiftverlängerung des Lehrerfingers jede kleine Verfehlung protokolliert („Thorsten – Albernheiten im Unterricht"), dann hat selbst das Papierkugel-Pusterohr ausgedient. Wahrscheinlich hatte er bereits einschlägige Erfahrungen gemacht – oder er war einfach nur engherzig, spießig, kleinkariert. Gottlob ist er nie dahintergekommen, wer ihm die Kartoffel

in den Auspuff gepfropft hat. Auweia, war der sauer. Da war Herr Adamski anders. Der kam immer mit Schwung und guter Laune ins Klassenzimmer, obwohl er wusste, dass seine „Spezies" mal wieder nur einen Bruchteil der Vokabeln drauf hatten. Regelmäßig brach er voller Verzweiflung über dem Klassenbuch zusammen, ließ sich zu unserer Erheiterung aus dem Stand in eine Art Liegestütz auf den Lehrertisch fallen ... bis eines Tages ... nun ja, in dem Wissen über seine sportive Reaktion auf unser altsprachliches Unvermögen hatten wir ein paar Bleistifte geopfert, die

... waren Rollenspiele und Sketche erlaubt.

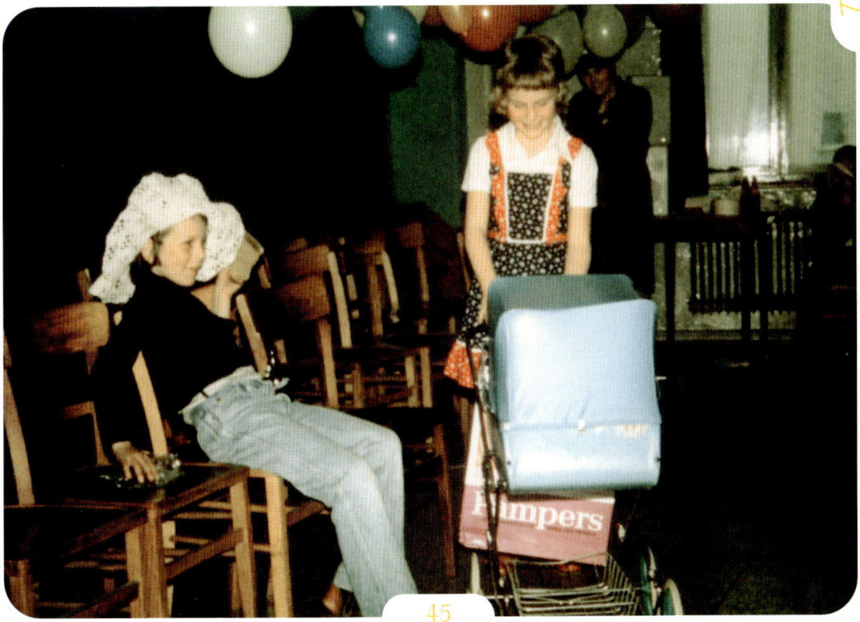

nun unbemerkt unter den Kufen des Tisches lagen. Irgendwo zwischen Plusquamperfekt und 3. Person Singular war es dann wieder Zeit für seinen theatralischen „Das-halt-ich-nicht-aus-Umfaller“. Nur, dass sich das sonst so standhafte Möbelstück diesmal auf seinen Bleistiftrollen in jähe Bewegung setzte und den um Halt ringenden Lehrkörper mit erstauntem Gesichtsausdruck ins Leere stürzen ließ. Eine kurze Schrecksekunde für alle – es hatte keiner geahnt, wie gut das funktionieren würde – dann brach ein Gejauchze los, das erst erstarb, als sich der Niedergestreckte leicht derangiert vom Teppichboden erhob. Seine Blicke ließen uns Fürchterliches schwanen: Meldung beim Direx, Klassenbucheintrag, Grammatiktest, Vokabeln ohne Ende ... Doch welch Wunder! Nachdem sich Raimund, Christoph, Stefan und Cornelia freiwillig als Drahtzieher dieses Rollenspiels zu erkennen gegeben hatten, verzieh er uns. Tatsächlich! Also entweder war er noch viel zu perplex oder ihn hatte der kleine Trick mit großer Folge irgendwie beeindruckt. Wie auch immer, fortan blieb er von uns nahezu unbehelligt und stieg trotz ätzender Grammatik und endlosen Vokabelreihen zu einer Art Lieblingslehrer auf. Einer von der Sorte, den man gerne bei der Klassenfahrt dabei hätte. Seinen Tisch allerdings, den wird er vielleicht noch heute vor jedem Unterrichtsbeginn genauestens inspizieren.

Die Fahrt ist das Ziel

Trotz aller Organisation und Vorbereitung begann einer unserer wichtigsten Tage im Schuljahr meist mit einem riesigen Chaos und viel Aufregung. Wandertag hieß das Zauberwort, das den Schulhof in ein riesiges Gewusel verwandelte. Nicht, dass wir unsere Pausen sonst brav und still verbrachten, überhaupt nicht.

Einer der Höhepunkte im Schuljahr: der Wandertag.

Holt die Sunkist-Tütchen raus!

Aber wenn sich der gesamte sechste Jahrgang einer Schule aufmacht, die Sehenswürdigkeiten der Heimat zu bestaunen, dann geht das einfach nicht in aller Ruhe. Schließlich hatten wir dem Schulausflug schon seit Wochen entgegengefiebert, hatten in diversen konspirativen Schulhoftreffen Absprachen darüber getroffen, wer sich mit wem eine Sitzreihe teilt, wer davor und dahinter sitzen soll und wer auf keinen Fall ... Noch bevor uns die Lehrer sortiert und die Anwesenheit anhand jenes Schicksal bestimmenden kleinen roten Büchleins überprüft hatten, kramten die Ersten bereits in den Tiefen ihrer Stoffbeutel und Turntaschen. Denn wir wussten schon damals: Die Fahrt ist das Ziel! Und die lässt sich eben am besten überstehen, wenn der Reiseproviant aus allerlei Süßkram bestand. Knisternde Gummibärchentüten und Raider-Schokoriegel waren

eindeutig verheißungsvoller als die übliche Butterbrotstulle, verlockender noch als das eigentliche Ziel der Tagesfahrt. Mensch, war das aufregend. Besonders, wenn endlich der riesige Reisebus vorfuhr und sich zischend seine Türen öffneten. Unter dem gestrengen Blick des Busfahrers fand jeder einen Platz, seinen Platz, das war wichtig. Zwar nicht immer den erwünschten, aber Hauptsache nicht so weit vorne, wo man zwar viel von der Straße sah, aber auch in unangenehmer Nähe zu den begleitenden Lehrern saß. Und wie hatte es die lauteste Bengeltruppe wieder geschafft, die letzte Reihe zu besetzen?
Nach der letzten Anweisung vom Busfahrer, der uns mittels

Die Schülerpyramide.

Das obligatorische Gruppenfoto.

Mikrofon einprägte, dass Kaugummis nicht in die Aschenbecher gehören und er jaaa keine Schokoladenflecken auf den Sitzen finden möchte. Dann ging es endlich los. Auf zu jenen Burgen und Schlössern, Museen oder Zoos, Flüssen oder Seen, die wir bereits auf der großen Relieflandkarte hinten im Klassenzimmer erkundet hatten. Bei vielen standen ein Denkmal, eine Höhle oder eine Burg auf dem Programm, zu denen die Schülergruppen schon seit Generationen pilgerten. Das obligatorische Klassenfoto, zu dem wir uns nach erfolgreicher Begehung der Tropfsteinhöhle vor einer riesigen Bildtapete aufstellen mussten, findet sich in nahezu jedem norddeutschen Fotoalbum. Doch bis dahin dauerte es ja noch. Ein Glück, denn in den Tiefen der Taschen fand sich immer einiges, das unsere ganze Aufmerksamkeit erforderte, z. B. der Capri-Sonne-Saftbeutel. Es erforderte schon ein wenig Geschick und Übung, den Plastikstrohhalm mit der angespitzten Seite wie vorgesehen durch die Hülle der metallischen Tüte zu piksen. Meist verbog

sich der Trinkhalm und es bedurfte einiger Improvisation, um an den süßen Saft zu gelangen. Und der erste Schwapps ging meist daneben, verklebte die Finger, landete von dort auf der Hose und manchmal auch auf dem Sitz. Nur gut, dass der Omnibuslenker mit der kurvigen Straße beschäftigt war und nur selten in den riesigen Innenraumüberwachungsspiegel schaute. Trotzdem, nächstes Mal würden wir Mutter bitten, lieber ein paar Sunkist-Pyramiden einzukaufen, die gingen einfacher. Waren alle Getränke mit lautstarkem Geschlürfe, Gesauge und Gezutzel bis auf den letzten Tropfen geleert, die Weingummis unter den besten Freundinnen und Freunden verteilt und auch das Caramac vertilgt, schon rollte der Bus auf diesen riesigen Parkplatz. Stunden und unzählige (gefühlte) Wanderkilometer später dann, als endlich jeder seinen Sitznachbarn wiederhatte, die letzten Toilettentrödler eingefangen waren und sich auch die Aufregung um die vergessene Jacke legte, begann die Heimfahrt.

Die Mundorgel durfte bei Klassenausflügen nicht fehlen.

Ohne Tafel und Bio-Buch hatten wir eine Menge gelernt und konnten es kaum erwarten, unseren Eltern von all den Erlebnissen zu erzählen. Und die nächste Fahrt, so hatte die Klassenlehrerin mit Bindestrich-Nachnamen angekündigt, würde sogar über mehrere Tage gehen. Mit Übernachtung in einem Schullandheim oder einer Jugendherberge, mit mehreren zusammen auf einem Zimmer. Es gab viel zu beschwatzen.

Info

Das Größte für unterwegs

Kinder und junge Jugendliche sind immer aktiv und müssen daher viel trinken. Daher war die Palette durstlöschender Produkte schon zu unseren Schulzeiten ziemlich bunt und vielfältig. Viele der süßen Säfte von einst schmecken uns heute nur noch aus nostalgischen Gründen oder sind gar nicht mehr zu haben, weil sie den Marktplatz längst verlassen haben. Wer erinnert sich nicht an Sinalco, Bluna und Afri-Cola, deren Werbeschilder hier und da an abseits gelegenen Scheunen zu entdecken sind. Bei den Großeltern gab es manchmal ein Glas aus der Rotbäckchen-Flasche, auf dem Kindergeburtstag Florida-Boy. Im Sommer mischten wir das Tri-Trop-Konzentrat oder das Quench-Pulver zu einem kühlen Geschmackswasser zusammen und rührten abends Kaba, Benco oder Nesquick in die Milch. Als Unterwegsgetränk für die große Fahrt gab es jedoch nur wenige Alternativen: den Alu-Saftsack von Capri-Sonne (seit 1969, Standbodenbeutel aus diversen Folien) oder die Sunkist-Pyramide (seit 1984, tetraederförmiger Tetrapack). Während das Trinkdreieck in den 1990er-Jahren zum langweiligen Quader mutierte, behielt der glänzende Trinkbeutel seine Form bis heute bei. Aus den beiden Geschmacksrichtungen Orange und Zitrone hat sich allerdings eine Vielfalt von fast 180 Varianten entwickelt, die in Schulranzen, Sportbeuteln und Kühlboxen auf der ganzen Welt zu finden sind. Berühmt wurde das Fruchtsaftgetränk aus der formbaren Verpackung durch Muhammad Ali, der 1979 werbewirksam verkündete: „Ich bin der Größte. Die ganze Welt weiß das. Aber wenn ich mit dem Boxen aufhöre, ist Capri-Sonne das Größte.“

Der qualmende Busch

Es wurde früher gepafft, gequalmt, geraucht, was das Zeug hielt. Überall bliesen Erwachsene den blauen Dunst verbrannten Tabaks in die Luft. Die Väter rauchten Ernte 23 oder HB, die Mütter Lord extra oder Kim, Opa schmurgelte seine Zigarren, der Onkel mochte nur Overstolz oder Reval, die bärtigen Lehrer sogen schlau blickend an Pfeifen und die studierenden Cousinen und Cousins trugen selbst fabrizierte Räucherwerke in den Mundwinkeln. Fernseh-Kommissare lösten ihre Fälle bei glühender Zigarette, die Prominenz versammelte sich in Talkshows zum gemeinsamen Rauchen und selbst beim Internationalen Frühschoppen zogen stets blaue Qualmfahnen durchs Bild. Wir mochten es überhaupt nicht. Vor allem, wenn wir während der Wochenendausflugsfahrt auf der Autorückbank vom elterlichen Tabakdunst umnebelt wurden oder das Wohnzimmer nach der Nachbarschaftsfeier wie nach einem Adventskranzbrand stank. Nee, damit wollten wir gar nicht erst anfangen. Und den Adventskranz haben wir wirklich nur ganz kurz alleine gelassen. Wegen Kimba, dem weißen Löwen, der sich gegen ... na, egal.

Aber irgendetwas musste doch dran sein an diesem Rauchgehabe der Großen. Eine Friedenspfeife o.k., das war klar. Schließlich hatten wir von Old Shatterhand und Winnetou gelernt wie der Rauch in richtiger Reihenfolge in verschiedene Richtungen geblasen werden musste. Aber all diese Rituale um das Rauchen, sobald zwei Erwachsene oder erwachsen wirken wollende Jugendliche aufeinandertrafen: Packung anbieten, die weißen Stäbchen gekonnt aus der Schachtel schütteln, Feuer mit der hohlen Hand geben, der verzückte Blick beim ersten Zug und das interessierte Untersuchen der Glut. Wieso, weshalb, warum? Die Kommentare auf unsere neugierigen Fragen gingen meist in die Richtung

„Das verstehst Du noch nicht!
Dafür bis Du noch zu jung!
Lass da bloß die Finger von!"

Angesichts überquellender

Was finden die Erwachsenen nur daran?

Aschenbecher und der augenscheinlichen Nähe zwischen Zigaretten- und Kaugummiautomaten nicht gerade sehr befriedigend.
Doch irgendwann kam der Tag der Versuchung. Da lag die angebrochene Schachtel auf dem Küchentisch. Wenn da ein oder zwei Stück fehlten, das konnte doch kaum auffallen, oder? Tat es auch nicht, und die Tabakröllchen verschwanden im Geheimversteck hinter der alten Kommode mit den Spielsachen. Es wäre so einfach gewesen. Die Zigaretten und eine Schachtel Streichhölzer in die Jacke stecken, sich aufs Fahrrad schwingen und wie immer durch die Gegend radeln, um an einem geheimen Ort – und davon kannten wir eine Menge – die Probe aufs Exempel zu machen. Aber nein, die Angst, man könne uns ansehen, dass wir etwas Verbotenes vorhaben, ließ einen anderen Plan reifen. Der einzige Ort, von wo aus sich der verräterische Rauch garantiert nicht ausbreiten konnte, war

natürlich das Badezimmer. In der Badewanne, hinter vorgezogenem Duschvorhang und bei verschlossener Tür, glomm bald die allererste Zigarette. Und es war gar nicht schön. Die Angst vor dem plötzlichen Erscheinen der Eltern im Nacken, der Rauch, der nicht abziehen konnte, dann der fiese Geschmack im Mund und das nicht zu kontrollierende Husten machten das erste Rauchexperiment zum Debakel. Nach zwei, drei aufrichtigen Zügen wurde der Versuch nach Luft schnappend aufgegeben. Während Mutters Deospray (und das listigerweise nun geöffnete Fenster) die tückischen Geruchsspuren vertilgten, verschwand die bis zur Unkenntlichkeit zerrupfte Kippe in den Tiefen des Mülleimers. Und keiner hat irgendwas gemerkt! Zumindest war man nun um eine Erfahrung reicher, die später einige Strafarbeiten ersparte: Rauchen auf dem Schulklo ist ziemlich dämlich.

Einige Jahre später, als alle aus der Fahrradclique ihre eigenen, teils abenteuerlichen Erstversuche in Sachen Rauchen hinter sich hatten, als sowohl die abträgliche Wirkung, als auch das Erwischtwerden sowie die verhängten Strafen längst vergessen waren, traf man sich zum gemeinsamen Rauchen im Park. Da stand dieser riesige Rhododendronbusch. Innen hohl bot er jede Menge Platz für stundenlange Treffen im Verborgenen. Bei taschengeldtauglicher River-Cola und diversen Chips-Tüten brachten wir so manches unerlaubtes Rauchopfer aus gemopsten Zigaretten dar. Bis plötzlich der Gärtner wutschnaubend in unserer Mitte stand und die gerade noch cool schmauchende Versammlung in panische Flucht versetzte. Ihn hatte anscheinend die Ansammlung von Fahrrädern in Kombination mit dem seltsamen Phänomen eines qualmenden Busches stutzig gemacht. Unser kopfloses Verschwinden begleitete er lauthals:

„Ich hab' Euch erkannt,
ich kenne Eure Eltern!"

Einige meinten, auch ein gemeines Lachen gehört zu haben. Wie auch immer, der immergrüne Busch war fortan tabu – und er wächst und gedeiht bis heute.

Der qualmende Busch

Wenn wir wollten, konnten wir auch ganz nett sein.

Goethe gegen Extrabreit

Fräulein Menke hatte es nicht gerade einfach mit uns. Als neue Referendarin an unserer Schule hatte sie die undankbare Aufgabe, uns Neuntklässler in Deutsch zu unterrichten. Da stand sie nun in ihrem beigen Kleid, zierlich und mit einem Blick, der uns gleich alles verriet: Sie hatte Angst! Durchaus verständlich, denn vor ihr saß eine etwa 25-köpfige Schülermeute in knallengen Jeans und Turnschuhen, deren Interesse eindeutig mehr den Hits der Neuen Deutschen Welle als der Interpretation alter deutscher Klassiker galt. Eingehüllt in Palästinensertücher, behängt mit „Piss-Off"-Buttons und Peace-Zeichen auf den obligatorischen „Faulenzer"-Stiftmäppchen, gaben wir wohl ein Bild ab, das Fräulein Menke augenblicklich an ihren frisch erworbenen pädagogischen Kenntnissen zweifeln ließ. Auch die

Rede, in der uns der Direx eindringlich bat (und mit diversen Drohungen unterstrich) die junge Kollegin eifrig zu unterstützen, stimmte sie kaum hoffnungsvoller. Sie hatte wohl noch nicht gelernt, dass man aggressiven Hunden und jugendlichen Horden niemals seine Unsicherheit erahnen lassen darf. Die pubertierenden Halbwüchsigen aus der 9b hatten ein Opfer ausgemacht, an dem sie die in langen Schuljahren angeeignete Begabung Lehrer in den Wahnsinn zu treiben neu erproben konnten. Angefangen mit einer riesigen Plastik-Vogelspinne, die in der Klassenbuchschublade auf ihren Zugriff wartete, über in Öl getränkte Kreide und das Verstecken der Kurbel für die heruntergelassenen Rollläden, musste Fräulein Menke so einiges über sich ergehen lassen. Klar, als sie sich Verstärkung in Person des Hausmeisters holte, waren Rollläden und Kurbel flugs wieder an Ort und Stelle. Sogar das Vorstellen der großen Uhr im Klassenraum funktionierte und brachte uns glatt eine zehnminütige Verkürzung des Unterrichts – allerdings nur einmal. Das Meiste nahm sie mit Humor, auch wenn sie gelegentlich autoritäre Verstärkung aus

Faulenzer: Visitenkarte eines Schülerlebens.

Pflichtlektüre in der 9.

der Nachbarklasse anfordern musste. Dann hatten die „Unruhestifter" durchaus mit einem Eintrag im Klassenbuch zu rechnen:

„X und Y stören den Unterricht zum wiederholten Mal",

war dann dort zu lesen.

Aber in jenen Sommertagen, als wir von Nena, Falco und der Spider Murphy Band schwärmten und die Texte von Extrabreit schneller auswendig lernten als wir eine Goetheballade korrekt betont vortragen konnten („Hurra, Hurra die Schule brennt" gegen „Wer reitet so spät durch Nacht und Wind"), da erfand Fräulein Menke den Outdoor-Unterricht. Und das kam so: Immer wenn die Sonne besonders heiß schien, nahm der eingeteilte Tafeldienst seine Aufgabe außerordentlich ernst und putzt das grüne Wandschreibbrett mit einer extragroßen Portion Reinigungsmittel, das in einer Pumpflasche im Wandschrank stand. Der süßliche Geruch war höllisch penetrant und kaum auszuhalten. Und schon bald nahm das Gesicht von Fräulein Referendarin einen leicht grünlichen

Schimmer an, weshalb sie uns – nein, nicht früher aus dem Unterricht entließ – sondern auf den Pausenplatz zitierte. Auf der Grünfläche zwischen „Raucherecke“ und der Betontischtennisplatte widmeten wir uns in lockerer Runde der „Judenbuche“. Und es machte sogar Spaß! So konnte es sein, so gefiel nicht nur den Strebern der Unterricht. Noch ein paar Mal saßen wir – auch ohne Reinigungsmittelüberdosierung – da draußen, dann neigte sich auch dieser Sommer dem Ende zu und für Fräulein Menke wurde es ernst. Die Prüfung kam, und mit ihr mehrere streng schauende Lehrerprüfer, die in unserem Rücken die Stunde begutachteten. Was soll man sagen? Wir waren echt gut. Aufmerksam, aufzeigewillig und ausnahmsweise ohne Ausnahme vorbereitet. Fräulein Menke bestand die Prüfung mit Bravour und bedankte sich bei „ihrer“ Klasse mit einer Runde Eis, das wir gemeinsam genossen, dahinten, zwischen „Raucherecke“ und Tischtennisplatte. Sie ist bestimmt eine gute Lehrerin geworden.

Leben lernen

Der Spruch war irgendwann da und sollte uns von da an bis zum allerletzten Zeugnistag begleiten. Jene Weisheit, die uns erklärte, dass wir fürs Leben und nicht für die Schule lernen. Spätestens dann, wenn wir daheim über gemeine Mitschüler, blöde Lehrer und völlig überflüssige Hausaufgaben schimpften, dann kam der Spruch. Was allerdings ein Gedicht über einen Steuermann, der mit der „Schwalbe“ über den Eriesee fliegt und das brennende Schiff auf den Strand setzt („John Maynard“ von T. Fontane), mit unserem Leben zu tun hat, wollte uns nicht in den Kopf. Aber gelernt haben wir. Gedichte und fürs Leben. Als wir allerdings richtig verstanden, was mit dem Spruch gemeint war, da war es für die meisten schon zu spät – und die Noten für das Leben nach der Schule standen fest, unveränderbar, wie in Stein gemeißelt ... Doch die Erkenntnis kam bei den meisten, auch wenn die Schulzeit bereits zu einer Zeile im Lebenslauf geschrumpft war, mit dem wir

Ob im Norden oder Süden, die Landschulheime sahen fast überall gleich aus.

uns bewerben mussten. Schule, das waren Erinnerungen an ewige Freundschaftsschwüre und ausgelassene Klassenfeten, verschämte Liebeleien und unausstehliche Englischlehrer. Was wir allerdings fürs Leben lernten, das war wohl bei jedem anders. Je nachdem, ob man zu jenen gehörte, die immer gleich zu Beginn in die Völkerballmannschaft gewählt wurden oder zu denen, die bis zum Schluss auf der Bank saßen. Ja, wir begriffen schnell, dass die Schule auch jenseits aller Noten einem Kriegsschauplatz glich, einem Schlachtfeld, auf dem wir von Grundschulbeinen an lernten, dass immer jemand da war, der alles besser konnte oder es zumindest meinte.

Die Anführer der Jungs waren meist schnell ausgemacht. Ihre Führungsrolle machten sie häufig durch sportliche Begabung, ’ne große Klappe und die Wahl des Zweirades, sei es pedal- oder motorgetrieben, geltend. Und sie hatten, das mussten alle anderen Jungs neidvoll anerkennen, fast immer zuerst eine feste Freundin. Bei den Mädchen war es ähnlich. Sie scharten sich entweder um die Klassenbeste oder tummelten sich in jeder Pause im Dunstkreis der Klassenschönheit, die in ihren hautengen Jeans zwar jede Menge Blicke auf sich zog, darin aber kaum sitzen konnte. Natürlich hatte auch sie meist schon einen festen Freund. Und natürlich war das jemand aus den höheren Jahrgängen, weil sich die Jungs in der eigenen Klasse noch viel zu kindisch gaben und noch nicht einmal einen Mokick-Führerschein hatten. Oh ja, zwischen Obermacker, Schönheitsqueen und drohendem Notenspiegel lernten wir alle ziemlich schnell, was wirklich von lebenswichtiger Bedeutung ist: Rumhängen in der heimlichen Raucherecke, die einzig echte Jeanshose und drei Streifen auf dem Turnschuh, die neuesten Video-Clips von „Formel Eins“ und das richtige Zimmer auf der Klassenfahrt.

Das Wichtigste bei der Klassenfahrt: Zimmeraufteilung und drei Streifen auf dem Schuh.

Wir hatten in Sachen Klassenfahrten schon einige Erfahrungen gesammelt.

Wir stehn auf Berlin

Obwohl wir, was die Gepflogenheiten in Jugendherbergen oder Landschulheimen anging, inzwischen einige Erfahrungen vorzuweisen hatten, forderte uns jede Klassenfahrt immer aufs Neue heraus. Vom Rand her trocknende Wellwurstscheiben und mit rotem Hagebuttentee gefüllte Metallkannen zum Frühstück und Abendessen hatten ihren Schrecken längst verloren. Schließzeiten konnten durch geschickte Heimwerkersöhne oder spektakuläre Fassadenklettereien umgangen bzw. durch geheime Vorräte verbotener Substanzen erträglich gemacht werden. Auch mit den Gruppenzimmern kamen wir gut klar. Grüne Linoleumfußböden, mit Fichtenholz vertäfelte Wände und grelle Neonlampen – das kannten wir. Die durchhängenden Matratzen in den verschrammten Doppeldeckerbetten boten obendrein zahlreiche Möglichkeiten zur sportlichen Ertüchtigung. Ob in

Der Beweis: Wir sind dagewesen!

Achtbettzimmer oder Schlafsaal, immer herrschte ein spaßiges Inferno, bei dem es jedoch selten harmonisch, friedfertig oder gar gleichberechtigt zuging. Egal in welchem Schuljahr, egal an welchem abgelegenen oder zentralen Ort gelegen, Jugendherbergen waren für uns immer ein Experiment. Hier galt das Recht des Stärkeren! Der Kräftigste bestimmte die Bettenverteilung, der Munterste die Schlafenszeit, der Dreisteste die Verträglichkeit, der Größte ... forderte in der grün gekachelten Gemeinschaftsdusche zum direkten Vergleich anatomischer Tatsachen heraus. Klassenfahrten waren stets Intensivkurse in Sachen fürs Leben lernen. Begleitet von intensiven Bohnerwachsdüften, sind es zweifelsohne die schönsten Erinnerungen an die Schulzeit. Und irgendwie gelang es den Lehrern trotz nervraubender Nächte unseren Wissensstand zu fördern, nicht zuletzt wegen der vierseitigen Strafarbeit. Aber das war's doch wert, oder? Ja, Berlin war's wert!

Gut, gut, schon verstanden! Von dem Anschiss klingelten uns noch Tage später die Ohren. Klar, wir hatten es etwas übertrieben, das sahen wir schon ein. Aber die Strafarbeit, die später über einige von uns verhängt wurde, war echt ungerecht. Schließlich waren es Martin und Stefan (oder Thomas und Michael oder doch Jürgen und Andreas?), egal, jedenfalls waren es nur zwei der Jungs, die sich mit dem Herbergsvater angelegt hatten. War das unsere Schuld, dass die beiden gleich am ersten Abend die Schließzeit ignorierten und nach 23 Uhr flaschenschwenkend Einlass begehrten? Ihre gegrölte „Börlin, Böörlin"-Gesangseinlage stimmte den Chef der Stockbetten auch nicht

Ein Mauerkunstklassiker.

unbedingt milder. Als sich dann auch noch die Begleitlehrerschaft wutschnaubend einmischte, war's natürlich erstmal vorbei mit den abendlichen Großstadttouren – und wir mussten alle Flaschen aus dem „Inter-Shop" abgeben. Aber Pyjamapartys sind ja eh am schönsten, wenn sie heimlich stattfinden ...

Das war also Berlin. Tagsüber ein Gedenkstätten-Kirchen-Mauer-Marathon und abends um zehn ins Bett. Na toll! Wie viele andere Jahrgänge der 10. Klasse hatte auch uns die einwöchige Abschlussfahrt an die Spree geführt. Nach all den Tropfsteinhöhlen, berühmten Denkmälern und Wandertagen durch Lüneburger Heide oder Harz versprach allein der Name ein aufregendes Abenteuer.

Eine echte Großstadt, eine Ausnahmestadt, die wir von der Deutschlandkarte aus den Nachrichten kannten – und natürlich von Ideal und Fischer Z. Auf der Wetterkarte war sie ganz weit rechts zu erkennen. Wie eine Insel lag sie da und war nur über einen schmalen Weg zu erreichen, von dem wir schon gruselige Geschichten gehört hatten: die Transitautobahn. Um den deutschen Brennpunkt von Punks und Drogen, bewachten Mauern und besetzten Häusern zu gelangen, mussten wir zunächst an den gefürchteten Grenzsoldaten mit strengem Blick vorbei. Die sollen schon ganze Busse nur wegen eines abgelaufenen Kinderausweises zurückgewiesen haben. So hatte

When you read this, we are far away – wir auch!

„Und wo ist jetzt Kreuzberg?“

man uns zumindest erzählt. Selbst die Jungs mit der größten Klappe, die wie üblich die letzte Bank in Beschlag genommen hatten, wurden angesichts der intensiven Musterung durch die uniformierten Grenzer auffällig kleinlaut und hielten die neueste Bravo sorgfältig versteckt. Selbst unseren Lehrern sah man die Erleichterung an, als der Reisebus endlich wieder rollte und keiner ihrer Schützlinge nach Sibirien verschleppt worden war. Beim kurzen Halt am legendären „Inter-Shop“, wo wir uns mit allen Notwendigkeiten einer pubertierenden Jugend versorgten, war die Aufregung allerdings schon längst wieder vergessen. Dann ging es mitten hinein in die geteilte Stadt. So vieles, das wir nur vom Hören kannten, sollten wir jetzt live erleben dürfen: coole Kreuzbergkneipen, der Bahnhof von Christiane F., der Eiserne Vorhang am Checkpoint Charlie, die riesigen Einkaufsmeilen von KaDeWe und Europa-Center, wo wir unser Taschengeld in neueste Langspielplatten und Musikkassetten, Turnschuhe und coole Buttons eintauschen wollten.
Und dann, nachdem wir wohlbehalten und von zahlreichen Eindrücken erfüllt wieder in

den heimischen Klassenräumen saßen, waren es nur noch ein paar Wochen, dann sollten sich die Wege vieler Schulfreunde trennen. Während sich die einen längst für einen Beruf entschieden hatten und die Lehre antraten, drückten die anderen, die sich über den weiteren Weg noch uneins waren oder nach höheren Zielen strebten, weiterhin die Schulbank. Noch einmal erlebten wir gemeinsam das Drama des Zeugnistages, hörten uns die guten Wünsche für den weiteren Lebensweg an und freuten uns auf die Abschlussfete. Trotz aller Treueschwüre verlor man viele der langjährigen Wegbegleiter aus den Augen ... Bis eines Tages die Einladung zum Klassentreffen ins Haus flatterte. Da war plötzlich alles wieder da. Die explosiven Muster und Farben der gebatikten Tücher, der Geruch von Bohnerwachs und Tafelreiniger, der stets grimmige Hausmeister, die Fahrt nach Berlin. Es ist schon erstaunlich wie detailgenau sich viele der Heimlich- und Peinlichkeiten von damals eingeprägt haben.

„Warst Du nicht der, der gleich am ersten Abend ...?"

Wir stehn auf Berlin

Irgendeiner war immer dran.

Roter Tee und Stapelbett

Gut, wir hatten alle schon bei den Großeltern übernachtet oder bei der Lieblingstante, das war kein Ding. Aber so richtig weg von Zuhause? Die Eltern, unser vertrautes Zimmer, das eigene Bett, unsere plüschigen Trostspender, alles in unerreichbarer Ferne, das erlebten die meisten von uns erstmals in einer Jugendherberge. Roter Tee und Spüldienst, triste Gemeinschaftsduschen und nörgelige Herbergsväter trugen zwar nicht gerade zur Überwindung des Heimwehs bei, dennoch wurden die Aufenthalte für fast jeden Schüler zu einer außerordentlichen Erfahrung. Hier waren wir alle gleich, erlebten Teamgeist und Gemeinschaft, ließen uns von Lagerfeuergeschichten gruseln und heckten Streiche aus. Unvergessen sind die langen Nächte mit Flüstergesprächen durch die Stockwerke der gestapelten Betten.

Die Idee zu einer solchen Einrichtung, in der Jugendgruppen preiswert übernachten können, entstand bereits vor einhundert Jahren. Im Jahre 1909 begab sich Lehrer Richard Schirrmann mit einer Schülergruppe aus dem sauerländischen Altena auf Wanderfahrt, wobei die Übernachtungen in bäuerlichen Scheunen oder Schulgebäuden stattfanden, die in der Ferienzeit leer standen. Bald nahm der Gedanke zu einer „Volksschülerherberge" konkretere Formen an und wurde bereits 1912 auf der Burg Altena in die Tat umgesetzt. Hier entstand die erste dauerhafte Jugendherberge, die alsbald zahlreiche Nachahmer fand. Bereits 1932 gründete sich die International Youth Hostel Federation, in der heute weltweit rund 4500 Jugendherbergen organisiert sind, davon fast 600 in Deutschland. Längst haben sich die Häuser von ihrem Ruf als billige Absteige für Schüler und mittellose Rucksackreisende befreit und bieten Angebot und Komfort, vor dem so manches Hotel erblassen kann. Nach wie vor bieten sie (für Jung und Alt) eine der günstigsten Möglichkeiten die Welt kennenzulernen. Und roten Tee kann man immer noch bekommen, allerdings haben die berühmten Dreiliterblechkannen vielerorts inzwischen ausgedient.

Manchmal musste auch die große Schwester bei den Schularbeiten helfen, damit es nicht wieder strenge Blicke beim Elternsprechtag gab.

Verschwörung der Erwachsenen

Unsere Eltern hatten in der Schule nichts zu suchen! Die Schule war unser Revier. Gut, wir waren echt dankbar, als sie uns bei der Einschulung begleiteten. Auch, als sie ein paar Jahre später bei der Versetzung in

Üben, üben, üben – ja, gleich ...

die weiterführenden Schulen dabei waren. Aber sonst? Wenn Eltern den Weg zur Schule fanden, dann war das meist ein schlechtes Zeichen. Aber eigentlich waren wir im Großen und Ganzen relativ brav. Die kleinen Zänkereien, hier und da mal eine handfeste Rauferei bei der die eine oder andere Brille auf der Strecke blieb und das neue Schuhwerk seine ersten Kratzer erhielt ... Aber sonst? Na gut, die Scheibe von der Eingangstür, als wir es mal wieder ziemlich eilig hatten ... aber da hat Stefan geschubst! Ja, es war auch nicht nett von uns, der Andrea immer die Luft aus den Reifen zu lassen. Die war aber immer so blöd – und eine Petze obendrein! Und als Peter uns seine Zwille im Klassenraum vorführte, war das vielleicht auch nicht die beste Idee ... Das war aber alles nichts, um die Eltern herbeizurufen. Meist gab es 'ne ordentliche Schelte, wenn es hoch kam, einen Eintrag ins Klassenbuch vielleicht oder wir mussten uns artig entschuldigen, vor der ganzen Klasse! Das war meist Denkzettel genug. Wenn daheim dann doch ein Anruf von der Klassenlehrerin ankam – auweia – dann sah man das Gewitter heranziehen und spätestens am Abendbrottisch wurde es zappenduster. Grund genug, den Heimweg mit einem Abstecher in die nahe Kiesgrube auszudehnen, denn den Ärger gab es ja sowieso.

Und dann gab es diese Tage der Hoffnung. Nicht für uns natürlich, aber für Lehrer und Eltern. Elternsprechtag! Etwa alle halben Jahre hegten beide Erziehungsparteien den Wunsch sich über uns auszutauschen und verschworen sich gegen uns. Am späten Nachmittag trafen auffällig schweigsame Schüler und Schülerinnen, meist in Begleitung streng schauender Mütter, in der Schule ein. Da saß man dann brav und artig auf den glänzenden Fluren, die nach frischem Bohnerwachs rochen, rutschte auf den Stühlen, die der Hausmeister vor den einzelnen Klassenzimmern aufgestellt hatte, nervös hin und her und harrte dem drohenden Schicksal. Handgeschriebene Zettel verrieten, hinter welcher Tür welche Lehrer zu finden waren. Und irgendwie wussten unsere Mütter immer ganz genau, wo es eventuell unliebsame Dinge zu erfahren gab: Deutsch, Mathe, Englisch. Warum gingen wir nicht zum Religionslehrer? Was war mit Sport und Erdkunde? Kunst? Nee, die Englischlehrerin musste es sein. Die würde bestimmt den vergeigten Vokabeltest von letzter Woche erwähnen. Außerdem war die sowieso ungerecht. Wenn man dann vor dem Lehrerpult saß, sich noch kleiner vorkam und beobachten konnte, wie dieses kleine rote Büchlein mit gerunzelter Stirn zu Rate gezogen wurde ... Es war kein schönes Gefühl, wenn die Erwachsenen über einen sprachen, als sei man Luft. Aber meist war es nur halb so schlimm und die Lehrerin

vielleicht doch nicht so ungerecht. Wenn nicht gerade eine Versetzung gefährdet war, dann wurde man stets zu größerer Sorgfalt bei den Hausaufgaben ermahnt und zu mehr mündlicher Beteiligung aufgefordert: in Deutsch, Mathe und Englisch.

„Der Junge kann das, er muss nur mehr üben!“,

war einer dieser Sprüche, der sich in goldenen Lettern ins Gedächtnis brannte. Wenn abends auch noch Vater davon überzeugt werden konnte, dass die Lehrerschaft seinen Nachwuchs nicht als Volltrottel einstufte und eine Zukunft unter Autobahnbrücken prophezeite, dann war die Verschwörung meist glimpflich überstanden. Das nächste Zeugnis kam bestimmt. Bis dahin wollten wir ganz bestimmt üben, üben, üben! Ganz bestimmt, aber bitteschön erst nach „Daktari“.

Schwitzen für die Ehre

Wie war das noch mit dem gesunden Geist und dem gesunden Körper? Na, unser Sportlehrer konnte das sogar auf Latein und war gleichzeitig das beste Beispiel dafür, dass kluge Sprüche eben doch nur kluge Sprüche sind. Braun gebrannt, muskulös und sooo nett, dass sich die Hälfte der Mädchen gleich in ihn verknallen – das gab's nur im Fernsehen (oder in anderen Schulen). Sonst liefen die Sportstunden wohl überall ähnlich ab. Einmal pro Woche ging es für eine Doppelstunde in die Turnhalle. In muffigen Sammelumkleidekabinen hängten wir unsere Klamotten an lange Kunststoffhaken, um unsere dreistreifigen Straßenturnschuhe gegen die dreistreifigen Hallenturnschuhe zu tauschen. Die Streifen waren einfach wichtig! Wer nur einfache No-Name-Sportschuhe trug, der signalisierte nicht nur modisches

Manchmal fiel auch das Sportabzeichen dabei ab.

Da konnten die Jungs nur staunen.

Desinteresse, sondern auch Unsportlichkeit und saß bei der Verteilung zur Aufwärmrunde Völkerball mal wieder bis zum Schluss auf der Bank. Hatten sich beim gegenseitigen Abwerfen dann die ersten Schweißflecken gebildet, bauten wir gemeinsam die Geräte, Sprungbretter und Matten auf, mit deren Hilfe unsere körperliche Bewegungsfähigkeit trainiert werden sollte. Also sprangen wir nacheinander über Kästen, balancierten über schmale Balken, hüpften mehr oder weniger elegant über den Bock, hangelten uns an Stangen entlang, legten gekonnte Vorwärts- und Rückwärtsrollen hin und blieben schließlich am Stufenbarren hängen. Spätestens an diesem Gerät trennte sich die Spreu vom Weizen. Gerade noch mit gewagtem Jauchzen über den Bock geflogen, bekamen die meisten Jungs ihre Füße nicht hoch genug, um in den punktwertigen „Stütz“ zu wirbeln. Da waren die Mädchen immer besser, selbst die, die eigentlich nicht so sportlich wirkten. Überhaupt war Turnen nicht gerade eine Sache der Jungs. Und Bodenturnen war der Obergraus. Zugegeben, wenn die Vorzeigeturnerinnen über die Matte wirbelten, war das schon elegant anzuschauen. Aber Jungs und Hula-Hoop-Reifen oder Keulen? Das ging gar nicht. Erst recht nicht diese Sache mit den meterlangen Flatterbändern, die sich mehr um die eigenen Beine als in feinen Kringeln ringelten ... peinlich. Und dann kam die Zeit, dass immer einige Mädchen zu Beginn der Sportstunde zum Lehrer gingen, mit ihm tuschelten und dann auf der Bank Platz nehmen durften. Was ging da vor? Denn wenn wir Jungs tatsächlich mal den Turnbeutel vergessen hatten, mussten wir trotzdem mitmachen, in

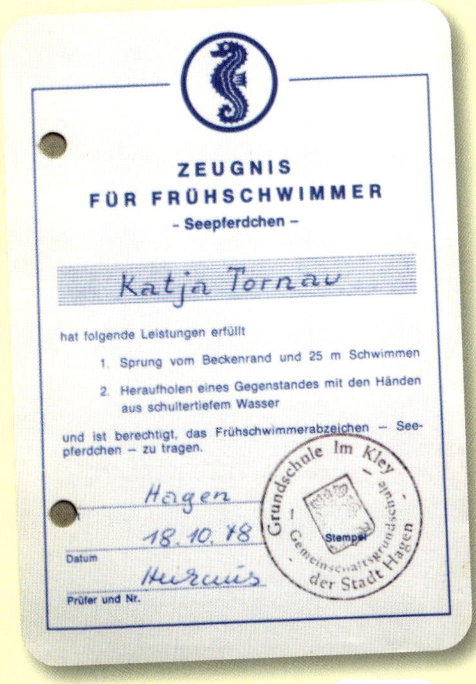
ZEUGNIS
FÜR FRÜHSCHWIMMER
- Seepferdchen -

Katja Tornau

hat folgende Leistungen erfüllt

1. Sprung vom Beckenrand und 25 m Schwimmen
2. Heraufholen eines Gegenstandes mit den Händen aus schultertiefem Wasser

und ist berechtigt, das Frühschwimmerabzeichen – Seepferdchen – zu tragen.

Hagen

18.10.78
Datum

Heinrius
Prüfer und Nr.

Grundschule Im Kley – Gemeinschaftsgrundschule der Stadt Hagen
Stempel

Eine unsere ersten Auszeichnungen: Das Seepferdchen-Abzeichen.

Wer die Ehrenurkunde bekam, gehörte zu den „Cracks".

Jeans und barfuß, aber die? Zugegeben, in Zeiten als der sexuelle Aufklärungsunterricht eher dem Niveau von Karius & Baktus entsprach, dauerte es halt ein wenig länger, bis alle Jungs verstanden hatten, was da vor sich ging. Ach ja, schrecklich schöne Pubertät. Aber, bevor die Jungs mitbekamen, was vor sich ging, wurde der Sportunterricht nach Geschlechtern getrennt gehalten. Das hatte durchaus sein Gutes. Jetzt gab es „richtige" Fußballspiele und die dämlichen Bändchentänze blieben uns erspart.

Stiegen die Außentemperaturen, dann legten Sportlehrer regelmäßig einen Enthusiasmus an den Tag, der uns ebenso regelmäßig die Puste raubte. Auf den linierten Schotterbahnen, in geharkten Sandkästen und an den weißen Linien des Sportplatzrasens trieben sie uns zu Höchstleistungen und verzweifelten an unserer mangelnden Technik. Wir sprangen weit, aber nie weit genug, wir schleuderten Bälle und stießen Kugeln, aber nie weit genug, wir rannten uns die Lunge aus dem Hals, aber nie weit genug.

Gut, dass immer einige Vereinssportler dabei waren, die unsere Klassenehre so eben retteten. Höhepunkt der Plage waren die alljährlichen Bundesjugendspiele. Jetzt galt es zumindest im Mittelfeld mitzuschwimmen (apropos Schwimmen, auch so ein Thema), um sich den Notenschnitt nicht zu versauen, nur weil die blöde Eisenkugel nicht weit genug flog. Und einigen gelang es doch tatsächlich immer wieder, sich als Zeitnehmer, Aufschreiber oder Maßbandhalter aus der Affäre zu ziehen. Naja, nach dem Motto „Dabei sein ist alles“ erhielten am Ende alle ’ne schöne Teilnehmerurkunde und ab einem gewissen Punktekonto Sieger- oder sogar eine Ehrenurkunde, die vom Bundespräsidenten „persönlich“ unterschrieben war. Na, dafür hatte es sich doch immerhin gelohnt.

Info

Bundesjugendspiele – geliebt oder gehasst

Die Bundesjugendspiele, ein sportlicher Wettkampf, der jährlich an deutschen Schulen abgehalten wird, gibt es in Deutschland seit den 50er-Jahren. Initiator war Carl Diem, Erfinder des Sportabzeichens und Gründer der Sporthochschule Köln.

Meistens findet der Wettkampf in den Disziplinen Laufen, Springen, Werfen statt, kann aber auch im Schwimmen oder Turnen durchgeführt werden. Die Schüler erhalten je nach erzielten Punkten für gute Leistungen eine Siegerurkunde und für herausragende Ergebnisse eine Ehrenurkunde, die als Vordruck vom Bundespräsidenten unterschrieben ist. Alle übrigen Schüler erhalten eine Teilnehmerurkunde.

Die Bundesjugendspiele spalten von jeher die Schülergemeinde: Je nach sportlicher Veranlagung liebt man sie oder man hasst sie, dazwischen gibt es nichts.

Oh je, ...

Wir sehen uns wieder!

Ist es nicht merkwürdig, dass man als erwachsener Mensch nervös wird, wenn man seine Mitschüler von einst plötzlich wieder treffen soll? All die Fragen, die sich einem auf einmal stellen? Was wurde wohl aus diesem oder jener? Wie sieht der oder die wohl aus? Was ziehe ich an? Man steht vor der alten Schule und hat das Pausenklingeln wieder im Ohr, den Kakaogeruch in der Nase, als ob nicht Jahrzehnte, sondern nur ein paar Wochen vergangen wären. Vielleicht hätte man sich doch mal melden sollen? Dann das leichte Unbehagen bei dem bangen Gedanken, ob man überhaupt jemanden wiedererkennt.
Wird man selbst erkannt? Es ist ja doch schon einige Zeit her. Aber meist löst sich die anfängliche Zeugnistagstimmung rasch in Wohlgefallen auf und man steckt ganz schnell und ganz tief in den gemeinsamen Kindheits- und Jugenderinnerungen. Bilder werden hervorgekramt, Eigenarten ehemaliger Lehrer rekonstruiert, Spitznamen ins Gedächtnis gerufen ...
Mit Erleichterung steht bald fest, dass man nicht der Einzige ist, der keine Fotos von Karibikvilla, Hochseejacht und Rassepferd vorzeigen kann.
Man freut sich über jedes:
„Mensch, Du hast Dich ja kaum verändert!"
Und tatsächlich ist vieles beim Alten geblieben. Wie fast schon erwartet, unterstrich die größte Klappe von einst seinen Auftritt mit der PS-stärksten Karosse,

... wie doch die Zeit vergeht!

Wir sehen uns wieder!

was die früh vermutete Erkenntnis bestätigte, dass die großmäuligsten Knalltüten nicht nur auf dem Pausenhof, sondern auch in der Welt der Erwachsenen einfach nur nerven. Ach, und es erfüllt einen doch mit leiser Genugtuung, dass der Prahlhans aus der 7b zwar die größte Garage benötigt, aber auch den längsten Hosengürtel und das wenigste Haarshampoo. Ja, ja, liebe Klassenkameradinnen und -kameraden, auch wenn die Schule nicht immer gerecht zu uns war, das Leben ist es. Manchmal zumindest! Und das Klassentreffen wurde erneut ein langer, aber viel zu kurzer Abend.

Wir sehen uns hoffentlich bald wieder!